A ESCOLA

EJA – UMA EDUCAÇÃO PARA E COM EDUCANDOS ADULTOS EM MEIO À PANDEMIA... A BUSCA DE UMA ESCOLA DE EDUCAÇÃO DE ADULTOS POR NOVOS CAMINHOS PARA A EFETIVAÇÃO DE SEU FAZER EDUCATIVO

Editora Appris Ltda.
1.ª Edição - Copyright© 2023 dos autores
Direitos de Edição Reservados à Editora Appris Ltda.

Nenhuma parte desta obra poderá ser utilizada indevidamente, sem estar de acordo com a Lei nº 9.610/98. Se incorreções forem encontradas, serão de exclusiva responsabilidade de seus organizadores. Foi realizado o Depósito Legal na Fundação Biblioteca Nacional, de acordo com as Leis nºs 10.994, de 14/12/2004, e 12.192, de 14/01/2010.

Catalogação na Fonte
Elaborado por: Josefina A. S. Guedes
Bibliotecária CRB 9/870

S237e 2023	Santos, Kely Cristina A escola EJA – uma educação para e com educandos adultos em meio à pandemia... a busca de uma escola de educação de adultos por novos caminhos para a efetivação de seu fazer educativo / Kely Cristina Santos. – 1. ed. – Curitiba : Appris, 2023. 149 p. ; 21 cm. ISBN 978-65-250-4603-7 1. Educação de jovens e adultos. 2. Escolas – Organização e administração. 3. Planejamento educacional. I. Título. CDD – 374

Livro de acordo com a normalização técnica da ABNT

Appris
editora

Editora e Livraria Appris Ltda.
Av. Manoel Ribas, 2265 – Mercês
Curitiba/PR – CEP: 80810-002
Tel. (41) 3156 - 4731
www.editoraappris.com.br

Printed in Brazil
Impresso no Brasil

KELY CRISTINA SANTOS

A ESCOLA

EJA – UMA EDUCAÇÃO PARA E COM EDUCANDOS ADULTOS EM MEIO À PANDEMIA... A BUSCA DE UMA ESCOLA DE EDUCAÇÃO DE ADULTOS POR NOVOS CAMINHOS PARA A EFETIVAÇÃO DE SEU FAZER EDUCATIVO

FICHA TÉCNICA

EDITORIAL	Augusto Vidal de Andrade Coelho
	Sara C. de Andrade Coelho
COMITÊ EDITORIAL	Marli Caetano
	Andréa Barbosa Gouveia (UFPR)
	Jacques de Lima Ferreira (UP)
	Marilda Aparecida Behrens (PUCPR)
	Ana El Achkar (UNIVERSO/RJ)
	Conrado Moreira Mendes (PUC-MG)
	Eliete Correia dos Santos (UEPB)
	Fabiano Santos (UERJ/IESP)
	Francinete Fernandes de Sousa (UEPB)
	Francisco Carlos Duarte (PUCPR)
	Francisco de Assis (Fiam-Faam, SP, Brasil)
	Juliana Reichert Assunção Tonelli (UEL)
	Maria Aparecida Barbosa (USP)
	Maria Helena Zamora (PUC-Rio)
	Maria Margarida de Andrade (Umack)
	Roque Ismael da Costa Güllich (UFFS)
	Toni Reis (UFPR)
	Valdomiro de Oliveira (UFPR)
	Valério Brusamolin (IFPR)
SUPERVISOR DA PRODUÇÃO	Renata Cristina Lopes Miccelli
ASSESSORIA EDITORIAL	Priscila Oliveira da Luz
REVISÃO	Simone Ceré
PRODUÇÃO EDITORIAL	William Rodrigues
DIAGRAMAÇÃO	Bruno Ferreira Nascimento
CAPA	Mateus Porfírio

O mar ensina

É preciso remar.
O mar ensina.
Paciência aos que têm pressa.
Equilíbrio para os que já caíram, mas não deixaram de remar.
A maré de sorte só chega para quem um dia entendeu que os ventos sempre mudam de direção e não deixou de remar.

(REVERB – Artista Musical)

*Aos professores que juntos navegaram por estes mares.
E para minha filha, Anna, que por muitas vezes foi meu porto seguro.*

*Enquanto escrevemos, não podemos nos eximir
à condição de seres históricos que somos.*

(Paulo Freire)

PREFÁCIO

O produto do processo educativo consiste no ser humano educado; por isso, diferentemente do que acredita a pedagogia tradicional, boa escola não é a que dá boas aulas, mas aquela que forma bons cidadãos.
(Vitor Paro)

No final de 2022, fui desafiada a escrever a apresentação deste livro. Passado o impacto inicial e ao mesmo tempo orgulho por ter recebido tamanha responsabilidade, fui retomando como foi o período que convivi com esta grande profissional, pois a convivência com a autora antecede e dá "pistas" do que será o texto, já que a escrita começa bem antes, ela é o "ponto-final", ou melhor dizendo, as "reticências" de um lindo percurso profissional, que com certeza terá novos capítulos a serem escritos.

Nesse processo de relembrar o percurso, lembro a Kely iniciando um novo desafio ao assumir uma função de coordenação pedagógica na equipe de Educação de Jovens e Adultos no governo municipal de São Bernardo do Campo e o quanto ela se empenhou em dar o seu melhor para que a política pública fosse efetivada. É admirável a sua entrega, o seu processo de observação e seu envolvimento, que se dá de corpo e alma, bem como a forma organizada e sistematizada das reflexões sobre as questões tratadas. Os seus olhos sempre brilharam diante das discussões, o desejo de aprender e compartilhar conhecimentos era perceptível a todos, bem como o cuidado com os profissionais que atuavam no seu cotidiano. O empenho era constante na tentativa de auxiliar na reflexão para que se efetivasse uma política pública comprometida com a educação de jovens, adultos e idosos.

Essa vivência como gestora de política pública municipal com certeza influenciou a sua escolha para assumir a gestão de uma escola que atendesse especificamente a modalidade EJA. Em seguida, viveu um período turbulento, a partir de 2020, com os desafios impostos, de uma forma tão abrupta, com a chegada da pandemia de Covid-19. Assim, o presente texto é o registro "oficial" desse processo de um mergulho intenso na modalidade. Diante de um contexto tão complexo, a autora disserta com riqueza de detalhes sobre o período pandêmico, com reflexões sobre o trabalho pedagógico realizado juntamente a sua equipe; entretanto, não se trata de um trabalho preocupado apenas com o conteúdo a ser abordado, mas comprometido com uma educação crítica e transformadora.

Desde as primeiras linhas, nota-se o olhar sensível para a realidade dos educandos dessa modalidade, permeada de desafios, bem como a intencionalidade do trabalho ao trazer conhecimentos que os auxiliassem a entender o contexto desigual e injusto que viviam, mas que promovessem a resistência e a luta pela manutenção da vida.

O período que é relatado neste livro foi encharcado de muitos desafios que a autora enfrentou com maestria, pois ela buscou da noite para o dia, literalmente, promover uma educação de qualidade e que todos tivessem acesso à educação, diante de um cenário tão desconhecido e jamais vivido anteriormente. Esse desafio esteve presente em todas as modalidades, mas pode-se afirmar com segurança que com a Educação de Jovens e Adultos o desafio se intensificou, pois sempre foi uma modalidade historicamente marcada por muitas lutas na busca da garantia do direito à educação para aqueles que não tiveram seu direito garantido no tempo que lhe era oportuno.

Diante desse cenário tão avassalador, a autora, com sua equipe, se dispôs a realizar um trabalho pautado em princípios de uma educação de qualidade social, cujos sujeitos foram tratados nas suas singularidades e como sujeitos de direitos, não como sujeitos frutos de processos educativos interrompidos. Há preocupação durante todo o texto também com os educadores, auxiliando nas suas dúvidas e angústias na construção de uma parceria constante baseada no diálogo e na escuta atenta.

Esse cuidado se dá para além das telas de computadores ou celulares, é uma preocupação com o contexto tão injusto vivido pelos educandos da EJA e suas famílias, a situação de direitos negados intensificada pela pandemia e o papel da escola nesse contexto, que vai muito além do processo educativo.

O texto relata com riqueza de detalhes como foi esse processo, os equipamentos e recursos tecnológicos disponíveis, suas potencialidades e limitações. Traz conceitos também para marcar essa nova forma de lidar com os equipamentos com o objetivo de se aproximar dos educandos. Contudo, a autora promove a todo instante essa relação entre o uso das tecnologias disponíveis, a sua dificuldade de uso em se tratando de educandos jovens e adultos e as concepções de educação numa perspectiva crítica, por conseguinte o uso não se dá de forma fria e conteudista, é repleto de reflexões pautadas em princípios firmes e claros.

Durante todo o relato, é visível a preocupação da escritora em marcar e resgatar em todo o processo a concepção de educação crítica e libertadora, alicerçada na pedagogia freiriana, apesar de todo o desafio colocado pela pandemia, que promoveu o afastamento e dificultou o diálogo, princípios tão essenciais dessa concepção, em busca da transformação social. Para que se buscasse essa transformação social, foi essencial o olhar cuidadoso e humano para com os educandos e educadores, as caracterizações das turmas transcendem dados frios e quantitativos, e preocupa o viver dessas pessoas, de suas vidas marcadas por tantas dificuldades, como fruto de um processo social injusto.

Apesar da distância, as relações se estabeleceram e observa-se o quanto os princípios freirianos se fazem no cotidiano escolar. Não apenas na relação com os educandos, mas entre os profissionais da escola o diálogo se fez presente, a escuta atenta às angústias, tristezas, dúvidas e o trabalho coletivo, se fortalecendo nesse processo de reinventar a escola para seus educandos adultos.

O processo descrito dá um lugar especial ao Projeto Político-Pedagógico, que, para quem está dentro das escolas, torna-se muitas vezes apenas um documento rígido para cumprir as obrigações legais, mas Kely buscou, com sua equipe, ressignificar esse documento, tornando-o uma bússola nessa navegação parafraseada por ela como "Maremoto".

Muito já se falou sobre a pandemia e as práticas desse período, mas este relato promove no leitor uma aproximação muito intensa com a realidade vivida, apontando não apenas as pequenas vitórias, mas sobretudo os desafios que permearam essa fase.

Apesar dos desafios, a busca incessante pelo direito à educação de qualidade social para esses jovens, adultos, idosos ocorreu durante todo o processo, mesmo não sabendo a princípio como fazer, mas no empenho e envolvimento constante, características marcantes da autora.

Em tempos que a vida foi tão ameaçada, este livro é um bálsamo e um registro vivo de que é possível fazer uma educação crítica, que se preocupa com uma educação humanizadora, que vai além de conteúdos a serem tratados, mas na busca constante de relações mais humanizadas, da preocupação com outro, na busca de um mundo mais solidário e justo.

Assim, convido todos e todas a fazerem uma leitura deste livro com a mesma paixão de quem o escreveu.

Nívia Ribeiro Dantas Zanardo
Professora e pesquisadora das Políticas Públicas e
Reformas Educacionais e Curriculares

APRESENTAÇÃO

Uma leitura inicial

Por uma educação integral na modalidade da EJA, cada vez mais, educadores e diretores escolares têm atentado para a necessidade de se superar a fragmentação e o "aligeiramento" do atendimento, que desafia a construção de currículos para a educação do estudante adulto. Pensar o currículo da EJA à luz de uma educação integral é comprometer-se com a formação plena do sujeito, em todas as suas dimensões, buscando práticas educativas que sejam fortalecedoras da autonomia dos indivíduos, validando o real sentido da escola.

Esta educação integral parte da compreensão de educadores e educadoras sobre a importância de conhecer as expectativas, os anseios e as necessidades educativas que seus educandos têm em relação aos seus estudos. Acredita-se que o sucesso da aprendizagem de todos e de cada um passa, inevitavelmente, pela leitura que o educador faz de seu grupo de educandos para a construção significativa e sistemática de um currículo contextualizado para a sua formação.

Currículos para a Educação de Jovens e Adultos são recorrentemente pensados a partir da concepção freiriana sobre a educação. Paulo Freire, Patrono da Educação Brasileira, escreve sobre uma educação pensada para a libertação e para a autonomia dos sujeitos. Seu pensamento traz o debate de uma ação pedagógica progressista, que preza pela liberdade de homens e mulheres para o exercício de sua cidadania. Assim, na prática escolar, deve-se cuidar da coerência entre o falar e o fazer, entendendo-se que esta prática nunca é neutra. Em sua dimensão política, a educação trabalha para a emancipação ou para a manutenção do sistema. Educação enquanto prática de liberdade contextualiza-se na vivência social de sujeitos históricos, em que aprender é necessário à sua condição humana. Sujeitos da Educação de Jovens e Adultos são educandos de experiências vividas, saberes acumulados e possuem expectativas de aprendizagens que precisam ser consideradas no planejamento do educador.

O educador é o profissional que tem papel central na promoção do aprendizado dos educandos. Através da sua concepção de educação, de sua metodologia e do planejamento das atividades que pensa para seu grupo é que ele, o professor, trabalha para a garantia do sucesso escolar de todos e de cada um deles. O acompanhamento pedagógico ao professor, da sua formação à sua atuação, é fator indispensável de investimento no Projeto Político-Pedagógico da unidade escolar que, para êxito do desenvolvimento dos educandos, reflete, valoriza e qualifica a ação educativa dos docentes para o atendimento das necessidades educacionais de seus alunos em seus contextos de vida social, pessoal e escolar.

Na rede de ensino onde se deu esta experiência, a modalidade da EJA está pautada no documento de diretrizes curriculares, documento oficial do município, escrito junto aos educadores de forma coletiva e sistematizada. O documento é um suporte para a organização e concretização do planejamento do processo de ensino-aprendizagem e inspira a criação de possibilidades de ações educativas baseadas no respeito aos princípios de igualdade, justiça e inclusão.

O alinhamento necessário para a efetivação das diretrizes curriculares passa pela caracterização, os temas geradores, o projeto e o conhecimento construído. O planejamento, o diagnóstico de aprendizagem e qualificação da prática. O agrupamento de alunos. A seleção dos conteúdos.

Desse processo, destacam-se:

- Os conhecimentos de saberes feitos
- O saber da existência do outro como sujeito histórico
- A consciência crítica

- A escuta rigorosa
- A coletividade
- A transformação social
- A ação e a reflexão

Enfim, é preciso pensar no direito a uma educação de qualidade para todos e para cada um. As especificidades da Educação de Jovens e Adultos, ao considerar seus sujeitos, suas trajetórias e suas diversidades em relação ao trabalho, crenças, projetos de vida, escolhas de gênero, papéis e responsabilidades da vida adulta, dizem de uma educação de qualidade social.

SUMÁRIO

INTRODUÇÃO 21

CAPÍTULO 1
O DESAFIO 25

CAPÍTULO 2
TRABALHO PEDAGÓGICO COLETIVO 29
    Primeiros movimentos 30
    Educação a distância 32
    Demandas do Ensino 37
    Início de planejamento 38
    Coletando realidades 38
    Sobre AUTONOMIA 40

CAPÍTULO 3
UM PROFESSOR CHAMADO SR. CONSTANTINO 43
    Letramento 45

CAPÍTULO 4
DEMANDAS DA GESTÃO ESCOLAR 49
    Calendário 49
    WhatsApp, nossos primeiros registros 50
    Processos formativos 54
    Na docência: Professora Ariana 57

CAPÍTULO 5
O PPP COMO INSTRUMENTO DE FORTALECIMENTO DA ESCOLA PÚBLICA 65
    A Educação de Jovens e Adultos 66

CAPÍTULO 6
DOCUMENTO PEDAGÓGICO 77
   Diários de Bordo 77

CONSIDERAÇÕES FINAIS 141

REFERÊNCIAS 147

INTRODUÇÃO

Este percurso de trabalho de uma escola de educação ao longo da vida, em atividades pedagógicas não presenciais, quer:

- Criar um subsídio de apoio e acompanhamento aos educadores ante a complexa tarefa de "ensinagem", em especial àquela que se dá na modalidade remota, uma educação não presencial.

- Promover a troca de comunicação a partir da pergunta problematizada em processo formativo: *"o que eu faço agora?"* Como dar continuidade ao diálogo que nutre os processos de ensino e aprendizagem? Como compartilhar experiências, fundamentar escolhas e possibilitar o intercâmbio pedagógico de práticas educativas?

- Compreender como esta pandemia nos afeta e afeta a vida de nossos educandos.

- Adotar as providências que minimizem as perdas educacionais dos alunos com a suspensão das atividades escolares presenciais, em especial os que se encontram em condição de vulnerabilidade social, econômica e cognitiva.

- Trabalhar pela qualidade da educação oferecida aos educandos, a partir da formação dos educadores e do aprimoramento dos elementos que compõem o fazer educativo, como a didática, os planos de ação, a seleção dos conteúdos, o planejamento das atividades, a avaliação.

Os alunos da nossa escola, estudantes da Educação de Jovens e Adultos, a EJA, são homens e mulheres, jovens e idosos que estão de volta aos bancos escolares. Trazem nesse retorno, para além do desejo de superar o fracasso escolar vivido no passado, histórias de vida, de trabalho, de conquistas, família, filhos, sonhos, expectativas e necessidades próprias da vida adulta.

A visão de mundo desses sujeitos que retornam aos estudos agora na vida adulta, após um tempo afastados da escola, ou mesmo daqueles que iniciam sua trajetória escolar nesta fase da vida, é bastante peculiar. Protagonistas de histórias reais e ricos em experiências vividas, alunos jovens, adultos e idosos configuram seres humanos diversos. São pessoas que chegam à escola com crenças e valores já constituídos.

A escola tem quase 300 alunos matriculados, que estão divididos em 12 turmas, em três períodos. A idade entre eles varia de 16 a 82 anos. Esta é uma leitura qualitativa que corresponde ao aspecto operacional da escola. Quando nos debruçamos perante o atendimento de qualidade da educação, nos aproximamos daquilo que entre os educadores é tido por humanização do atendimento.

O público atendido é predominantemente de trabalhadores, de empregos formais ou não, pais e mães de família que sustentam suas casas e vislumbram a melhoria da qualidade do emprego mediante um diploma escolar. Há também trabalhadores assistidos por programas sociais de transferência de renda, que trazem consigo situações de vulnerabilidade extremas às quais foram submetidos por suas realidades, com vidas permeadas por carências de ordem material e psicossocial. O grande desafio deste grupo de educandos está nas relações interpessoais e na compreensão e aceitação do valor do conhecimento como fator importante para o alcance de maiores possibilidades de transformação de suas vidas.

Outra diversidade bastante marcante entre os educandos são os alunos com deficiência, que apresentam necessidades educacionais especiais, são na maioria Deficientes Intelectuais, para quem é ofertada uma adaptação curricular. Há também os doentes mentais, com quadros predominantes de esquizofrenia, homens e mulheres que atualmente são moradores de casas comunitárias terapêuticas e que chegam à escola por orientação médica, com a ideia de que nela terão ganhos em socialização e na ampliação das relações pessoais. Pedagogicamente estes alunos estão em adaptação enquanto buscamos melhor significar a escola para eles, escola enquanto espaço de construção de conhecimentos.

Quantos aos jovens, estão predominantemente agrupados no curso de preparação para o trabalho, sem, contudo, esquecer-se de sua formação integral. Estes alunos, concomitantemente a essa formação, frequentam a escola regular em horário contrário ao nosso. Apresentam, também, uma realidade socioeconômica desfavorável, além de vulnerabilidades próprias desta faixa etária.

Há ainda o atendimento à comunidade de estrangeiros presente no entorno de nossa escola, que a procura com a intenção inicial de ter contato com a língua portuguesa e, consequentemente, aproximar-se dos costumes, tradições e culturas de nosso país, ampliando suas possibilidades de comunicação, e, por meio do direito à educação, superar a condição de refugiados.

Os conhecimentos de uma pessoa que procura tardiamente a escola são inúmeros e adquiridos ao longo de sua história de vida. São conhecimentos que ultrapassam os historicamente acumulados e sistematizados pela escola; aliás, a busca desses conhecimentos que lhes faltam é o que os traz de volta aos bancos escolares.

Cabe a nós, educadores, conhecer e compreender de onde vêm e para onde voltam nossos educandos e de que forma a educação remota poderá auxiliá-los neste momento.

Os educadores...

Este é um grupo no qual impera a diversidade, vários credos, diferentes descendências, gêneros. Temos idades entre 22 e 67 anos. Recém-formados e aposentados em outras funções. Todos contribuindo para a realização da tarefa de educar. Promovem a troca de experiência, colaboram na ampliação dos conhecimentos e na partilha de saberes. Todos constroem, diariamente, uma identidade para a escola.

Em comum, estes educadores têm um histórico de vivências na educação de adultos, tendo passado por outras experiências nessa modalidade. Trata-se de um grupo com sólida formação, realizada de forma contínua dentro e fora do ambiente de trabalho. Em sua maioria participaram da formação para essa etapa de ensino em que muito se estudou sobre o currículo crítico-libertador fundamentado na pedagogia de Paulo Freire. Isso aproxima as ideias pedagógicas que temos, auxiliando-nos na congruência do fazer educativo e na compreensão da tendência pedagógica da qual fazemos parte. Temos uma proposta curricular, que é o documento orientador das práticas formativas no coletivo dos educadores e a troca pedagógica é a metodologia que mais aproxima o grupo nas tarefas de planejamento e elaboração das atividades a serem propostas aos educandos.

Muito além de revisitar os elementos pedagógicos que compõem nosso fazer educativo, este grupo está desafiado, desde então, a navegar pelas águas da educação remota, com o compromisso e a qualidade de um atendimento educacional já tão peculiar que é a Educação de Jovens e Adultos.

> ### EDUCAÇÃO REMOTA
> As aulas remotas realizadas no contexto do coronavírus são atividades de ensino mediadas ou não pela tecnologia informatizada, mas que se orientam pelos princípios da educação presencial. Aulas remotas oferecem continuidade da escolarização por meio de recursos diversos, só que a distância.

# CAPÍTULO 1
O DESAFIO

Que sejamos como as ondas do mar,
Que fazem de cada recuo um impulso para ir mais adiante.
(Desconhecido)

Com as aulas suspensas desde o dia 20 de março do presente ano, por conta do estado de pandemia do novo coronavírus, a orientação que chega até a escola é a que dá autorização oficial, em seus atos administrativos, para *a adequação do calendário escolar no exercício do ano letivo de 2020.*

A partir de então, passamos a disponibilizar para todos os educandos, por meios digitais, atividades complementares diversificadas e comunicados de orientação às famílias para o esclarecimento desta nova realidade que vivenciamos. Posteriormente, têm início as <u>atividades não presenciais</u> elaboradas pelas unidades escolares e suas equipes de educadores, com foco na garantia do direito à educação e o compromisso com a qualidade do atendimento ofertado.

Consolidada a prática educacional dos educadores em sala de aula, prática essa cotidiana e presencial, como superar o desafio de uma educação remota ante a realidade da pandemia de Covid-19 que assolou nossas vidas nos aspectos pessoal, social e profissional?

E o desafio da modalidade da EJA, como enfrentá-lo?

(Falas significativas do coletivo de educadores da EJA)

"... Não será fácil pensar em alternativas viáveis para a EJA. Desde sempre trabalho com tecnologias educacionais e estou

há dois semestres tentando trazer minhas aulas de Ciência para algumas delas, mas questões fundamentais como a falta de dispositivos e acesso à internet têm sido barreiras de difícil transposição..."

"... Precisamos de articulação para não prejudicar ainda mais os sujeitos de direitos dessa modalidade..."

"... é preciso ter em mente as funções da EJA que diz respeito à reparação, qualificação e equalização da educação."

"... São urgentes para os nossos alunos, suprir as necessidades básicas para a sobrevivência, que estão comprometidas pelo desemprego e pelo isolamento social..."

".... É preciso auxiliá-los, os alunos, no acesso aos direitos emergenciais (ajuda do governo)."

"... Também manter o vínculo..."

"Se a proposta for só para a educação remota, estaremos mais uma vez excluindo a maior parte dos alunos!"

"... não defendo a EaD na EJA a toque de caixa..."

"... minha turma é formada de pessoas com necessidades especiais, idosos e trabalhadores. Grande parte não tem acesso às TICs..."

"... talvez a prioridade agora não seja exatamente a escola e sim a saúde, o alimento e a renda..."

"... pessoal, entrei agora no portal para ver as atividades de complementação pedagógica e digo com toda certeza que minha turma não consegue nem acessar e muito menos realizá-las..."

"... A minha turma... Só se tiverem muita ajuda..."

Trabalhando em *home office*, a gestão escolar estuda diversos materiais e se prepara para pautar reuniões formativas em que serão discutidas maneiras e possibilidades de uma educação remota pensada a partir da realidade de nossos alunos.

Há muita reflexão!

Há a superação da resistência inicial.

Há o convencimento.

Há a descoberta do novo.

Há a realização!

Conceber a educação fora do ambiente escolar, por meio de atividades não presenciais, requer dos educadores refletir sobre a visão que têm do processo de ensino e do processo de aprendizagem, o que implica esclarecer sobre suas práticas cotidianas, de maneira a explicitar suas crenças sobre como ocorre a aprendizagem de seus alunos, entendendo suas escolhas metodológicas, seus recursos e instrumentos didáticos, sua forma de avaliar mediante o acompanhamento que fazem da trajetória de cada um dos seus educandos.

E mais, da reflexão crítica que demonstram sobre suas práxis de falar e de fazer o processo educativo.

> **PRÁXIS**
> É a união dialética entre teoria e prática. Em Freire, a práxis está fundada no diálogo crítico e libertador da realidade.

Nosso recurso para este trabalho de formação, planejamento e elaboração de materiais pedagógicos é uma plataforma de estudos on-line. Nela, nosso percurso estará registrado pela troca de mensagens e é onde estaremos em contato efetivo, nos incentivando uns aos outros nesta experiência de colocar em prática novas maneiras de conduzir o desenvolvimento do trabalho pedagógico a partir de então.

A comunicação escrita nos desafia no desenvolvimento de uma fluência que exige capacidade reflexiva e a construção de uma forma de registro que alcance qualitativamente um interlocutor ausente.

CAPÍTULO 2
TRABALHO PEDAGÓGICO COLETIVO

A plataforma on-line é destinada ao momento formativo dos educadores, não presencial e que leva em consideração a flexibilização dos tempos e espaços dos envolvidos, utilizando ferramentas interativas que oportunizem aos profissionais qualificarem suas produções. É um recurso da unidade escolar que se mostra adequado neste período de educação remota.

Tem por objetivo estimular, com novas ferramentas digitais, o uso de recursos que ampliem as possibilidades de pesquisa e de trabalho, promovendo cada vez mais uma interação em um ambiente virtual de aprendizado.

O recurso por nós utilizado é a plataforma Classroom, ferramenta da Google, acessada via @gmail. Ainda aqui não discutiremos a questão de internet e pacotes de dados disponíveis aos educandos e aos educadores.

A mediação desta formação a distância é realizada pela equipe de gestão, que é responsável pela sistematização e coordenação dos temas e dos encaminhamentos necessários de acordo com os apontamentos e propostas dos educadores, de forma a caminharmos dando sempre continuidade aos estudos. As atividades propostas relacionam leituras, vídeos, palestras, fóruns de discussão, pesquisas, elaboração de atividades, entre outras.

A troca de mensagens com foco na percepção de sentimentos e de sentidos possibilita perceber, no diálogo posto, quais são as situações-limite a serem problematizadas, superadas e transformadas em nossa jornada educativa. Jornada essa que há de considerar as seguintes situações:

- o conhecimento de experiência feita de cada educador, os conhecimentos acumulados que têm enquanto ponto de partida para esta proposta formativa;
- a consideração das dimensões éticas, estéticas e técnicas na realização de uma educação integral;
- a compreensão daquilo que se escuta e sua problematização;
- a efetivação do processo de ensino-aprendizagem na modalidade da educação remota.

Efetivação essa que se dá na organização de situações de aprendizagem em que os educandos possam avançar na aquisição de conhecimentos historicamente construídos e pela escola sistematizados, colocando em jogo os saberes que já possuem (os conhecimentos prévios), ao mesmo tempo que tenham acesso a novos conteúdos. Sempre orientados pelos educadores, que não perderão de vista a relação dialógica que supera a mera transmissão mecânica de informações.

Cabe auxiliar os educadores na tomada de consciência de suas próprias ideias e crenças nas quais pautam sua forma de compreender a aprendizagem, a partir de seus relatos, tal como propomos que o professor faça com seus alunos, problematizando sua prática e trazendo elementos para que possam avançar em suas reflexões.

Ao final, que a qualidade do ensino se traduza na construção de um novo olhar, diferenciado, para os processos de aprendizagem dos educandos e da prática reflexiva permanente dos educadores. Que possamos nos conscientizar a respeito do currículo, do conceito de autonomia e do compromisso que assumimos com o direito de aprender de todos e de cada um.

Primeiros movimentos

(Material de formação elaborado pela equipe gestora)

José Moran

"O papel mais novo e relevante que se desenha a partir de agora para os docentes é o de mentor. Os estudantes podem caminhar sozinhos por roteiros básicos de aprendizagem. Podem aprender entre si. Mas para um desenvolvimento de competências cognitivas, pessoais e sociais precisam de um acompanhamento amplo. Entender para que aprendem, o que fazer para ter uma vida com propósitos."

Círculo de Cultura

> ... é bem verdade que a gente tem, desde cedo, certos gostos, certas preferências por coisas ou certas formas de ser ou de dizer que coincidem com alguns quefazeres. É por isso que os mais velhos dizem dos meninos e meninas que já nascem médicos, professoras e artistas. Eu fui um menino cheio de anúncios de que seria professor: cheio de curiosidades, inquietações por saber, gosto em ouvir, vontade de falar, respeito à opinião dos outros, disciplina, perseverança e reconhecimento dos meus limites. Eu li muito. Varei noites com obras de Ernesto carneiro e Rui Barbosa. Li todos os bons gramáticos brasileiros e portugueses que consegui comprar em sebos e me servindo dos conhecimentos que fui adquirindo, antes mesmo de dar aulas, busquei ser competente para ser professor.
>
> Lembro-me, ainda hoje, das sensações que tive, entre assustado e feliz, temeroso e ousado, sonho e realidade misturados, ao entrar para dar minha primeira aula...
>
> Desde o início de minha indecisa carreira docente, eu já inclinava, convicto, ao diálogo, ao respeito ao aluno. Graças às conversas com os meus pais eu estava preparado para conversar com meus alunos. Dei aulas de gramática propondo leituras, discussões e análises de Gilberto Freyre, de Graciliano Ramos, de Manuel Bandeira, de Drummond de Andrade. Tinha paixão enorme e buscava junto aos alunos, a boniteza da linguagem oral ou escrita, para que tivessem, em seus discursos e textos, a clareza, a precisão rigorosa no pensamento, com respeito à verdade em que a estética e a ética se dessem as mãos.
>
> (Paulo Freire – do livro Paulinho, o menino que escreveu uma nova história, de Mere Abramowicz e Silmara Rascalha Casadei – Cortez, 2010)

Educação a distância

Com mais de 270 anos de história, a Educação a Distância passou por várias fases, sendo que atualmente se encontra em um momento de grandes transformações, principalmente pelo surgimento, nas últimas décadas, de novas tecnologias que mudaram totalmente a relação entre o aluno e o professor, entre estudantes e conteúdo.

Ao ser pensada, a EaD, enquanto modalidade de ensino, deve ter uma estrutura organizada, com abordagem sistematizada, integrada, semelhante àquela do ensino oferecido presencialmente. É preciso, particular e essencialmente, superar as dificuldades de comunicação e, para isso, cabe:

- Adotar estrutura organizada
- Analisar as formas de acesso
- Estabelecer as metas a serem alcançadas
- Selecionar e desenvolver materiais
- Indicar estratégias de avaliação

A tarefa está dada e cabe a nós, educadores, incorporar a reflexão sobre o trabalho pedagógico em cada proposta de atividade ofertada aos educandos, de modo a não correr o risco de torná-las sem significado, descontextualizadas ou desmotivadoras para eles. Cuidar para a não promoção de situações não inclusivas de ordem pessoal, educacional e tecnológica.

Vivenciar, ao mesmo tempo que os alunos, uma experiência formativa em EaD é uma transposição ímpar, pois nos possibilita o exercício de nos colocarmos no papel de alunos e assim compreender algumas de suas dificuldades.

Refletir, comparar, analisar e eleger atividades que tenham sido vivenciadas enquanto estudantes auxilia-nos agora na hora de propô-las como professores.

Podemos, por meio da transposição didática, aprimorar:

- a seleção de conteúdos a serem propostos aos educandos;
- a forma de organizar a mensagem a ser transmitida;
- a busca pelos referenciais pedagógicos quanto aos conhecimentos didáticos de que precisamos;
- a prática de estudos, envolvendo muita leitura e escrita;

- as possibilidades de partilha dos conhecimentos construídos;
- o fortalecimento da comunidade educativa, de forma a reforçar a identidade escolar a qual este grupo de educadores pertence, por meio do Projeto Político-Pedagógico (PPP).

Ao cuidarmos de uma ação pedagógica desta grandeza, para que ela ocorra de forma clara, sistematizada e pensada para o perfil de nossos educandos, temos a intenção de que haja o melhor aproveitamento possível das ações por parte de todos os envolvidos.

Uniremos diferentes saberes entre os diferentes e sábios educadores: quem é das TICs? Quem é dos conteúdos? Do currículo? Quem é da produção de atividades, do *layout*, do *feedback*? Cuidaremos de fazer emergir competências individuais, mas comprometidas com a natureza coletiva do ato de educar.

Enfim, saber o que precisamos saber antes de saber o que precisam nossos alunos!

Demandas da SE

No art. 32 da LDB, em seu parágrafo 4º, temos que "*o ensino fundamental será presencial, sendo o <u>ensino a distância</u> utilizado como complementação da aprendizagem em situações emergenciais*".

EaD: realização de atividades não presenciais.

Atividades não presenciais

- Compreendidas aqui como aquelas realizadas fora do ambiente escolar, propostas pela SE e pelo Sistema Municipal de Ensino (escolas e professores), com base:
. nos Planos de Ensino;
. no PPP;
. na Proposta Curricular;
. na BNCC.

Atividades não presenciais

- As atividades não presenciais poderão ser realizadas por meio de material impresso com orientações, estudo dirigido e avaliações. Tecnologias de informação e comunicação poderão ser exploradas.

EJA: adotar providências que minimizem as perdas dos alunos com suspensão de atividades escolares, em especial os em condição de vulnerabilidade e deficientes.

Saberes na EJA

Ler, escrever e produzir de forma coesa e crítica.

Conscientização política.

Conhecimentos da história e geográficos.

Cálculos, medidas, resolução de situações-problema,

meio ambiente.

Demandas do Ensino

Em 13 de abril de 2020, a Secretaria de Educação do município divulgou a seguinte orientação

> [...] a partir do que foi disponibilizado no portal [da Educação][1] e do que já havia sido disponibilizado pela unidade escolar, cada educador deverá propor ao eu grupo de educandos, atividades considerando o ano ciclo que está atualmente. Vale ressaltar que todas as propostas devem ser oferecidas também no modelo impresso, então haverá a possibilidade de o professor ter de desenvolver duas atividades com a mesma proposta, porém utilizando-se de recursos diferentes que se enquadrem em cada situação.
>
> Os professores podem buscar formas de conversar para planejar e propor juntos, remotamente, as atividades para os alunos de acordo com a caracterização da turma. Lembrando que as comandas que seriam realizadas oralmente devem estar explícitas no decorrer da atividade proposta, ou seja, leia o texto, agora resolva a atividade proposta em seu caderno, anote suas dúvidas para encaminhá-las ao seu professor [...].

É preciso ter em mente que cada educador e cada educando terá seu próprio caminho para o desenvolvimento dos conhecimentos, e cabe a nós, em nosso papel de mediadores desses conhecimentos, ofertar ferramentas que possam melhor auxiliá-los. O fato de poder contribuir com essa aquisição de conhecimentos neste momento que atravessamos, com os possíveis erros e acertos, levando em consideração as diversidades que se apresentam, deve nos estimular a estar cada vez mais atentos aos processos escolarizantes de nossa prática e assim sermos assertivos na intencionalidade daquilo que propomos, que é essa construção significativa de conhecimentos, conhecimentos que importam, conhecimentos para a vida – digna, plena, abundante, livre de opressão.

---

[1] Portal da Educação é uma página digital para que os servidores públicos da educação do município tenham acesso a documentos, informações e orientações pertinentes à Secretaria de Educação.

Início de planejamento

Análise do contexto

● Passos para sua realização:

1. planejamento da análise, definição do instrumento;
2. coleta e tratamento dos dados;
3. relatório de análise;
4. encaminhamentos.

Coletando realidades

É unânime no registro dos educadores a preocupação com a situação de nossos alunos. Suas realidades, dificuldades, a forma como estão enfrentando ou não os desafios que estão postos. Estamos vendo com uma lente aumentada o significado da palavra "vulnerabilidade"...

Auxiliamos dentro das medidas de nossas possibilidades. O perfil do aluno da EJA é exatamente o que temos visto na mídia atualmente (e, porque não dizer, desde sempre): homens e mulheres com seus direitos negados... direito ao alimento, à segurança de uma casa, direito à saúde. E o direito subjetivo à educação, que no caso já lhe foi uma vez negada e agora, garantida em lei e sob a nossa responsabilidade, se diz equalizadora, reparadora e regularizadora.

Haja conscientização!
Haja indignação!
Haja Educação para nossos Jovens, Adultos e Idosos!

> DIÁRIO DE BORDO
> É o registro de ações diárias e todos os detalhes relevantes que essas ações desencadeiam: comportamentos, interações, identificando e registrando as habilidades e as dificuldades surgidas, as formas de comunicação e possibilidades de reflexão acerca da intencionalidade das atividades propostas, num contexto de processos educativos.

Diário de Bordo é o instrumento de registro que nós, educadores da escola Professor Milton Santos,[2] estamos utilizando para guardar as memórias de nossa travessia durante esta tempestade...

Na primeira semana de trabalho remoto, pudemos, pelos registros, saber que:

- Todos se comprometem com a busca de informações, de modo a estarem sempre atualizados e manterem informados seus educandos.
- Tecnologia não é só questão de competência. Tem relação com afinidade, disponibilidade e acesso.
- Os sentimentos são iguais, ainda que isolados!
- A criticidade está mais presente do que nunca, mas só ela não é o suficiente.
- "[...] estudo sem pensamento é trabalho perdido, pensamento sem estudo é perigoso!" (Confúcio).

---
[2] Nome fictício.

- É hora de colocar em jogo todos os saberes que acumulamos ao longo de nossa jornada, quer sejamos educadores ou educandos.
- O coletivo nos dá identidade e identidade é fundamental para a escola.
- Escrever é preciso!
- Temos qualidade em nossas aulas e atividades, mas agora temos oportunidade de reinventá-las.
- A SAUDADE é um sentimento gigante!

Sobre AUTONOMIA

A aquisição da autonomia requer exercitá-la. Ao colocá-la em prática, vamos, de forma gradativa, avançando. Aos poucos acumulamos experiências que nos permitem assumir responsabilidades cada vez maiores, ampliando nossas possibilidades e realizações.

Descobertas e aprendizados são alimentados pela curiosidade, outra característica do sujeito que nem sempre incentivamos em nós e nos outros. A curiosidade estimula o ato de aprender.

A autonomia é um dos elementos fundantes da pedagogia freiriana. Trata-se de um princípio pedagógico progressista. Para Freire (1996, p. 104), "a autonomia vai se construindo na experiência de várias, inúmeras decisões, que vão sendo tomadas [...] como amadurecimento do ser para si, é um processo, é ir a ser".

Qual tem sido o papel da escola na identificação da autonomia dos educandos?

Percebe-se certa contradição no que a escola quer do aluno em relação àquilo que ela faz com ele: exige dele obediência, exagera no zelo, fragmenta gradualmente o acesso aos saberes e culturas, mas, quase ironicamente, reclama de estudantes e de suas tentativas de protagonismo.

A ESCOLA — EJA: UMA EDUCAÇÃO PARA E COM EDUCANDOS ADULTOS

A escola tende não somente a ser *espaço único da educação*, como concentra em si a sequência, os tempos e os espaços da aprendizagem e mais: desacredita o aluno enquanto ser aprendente e põe em dúvida o professor enquanto sujeito que é capaz de ensinar como se aprende.

Aprender é subjetivo e está para além do ato mecânico que se traduz em apostilas e cadernos preenchidos. Aprender diz respeito a transformar-se, é a capacidade de significar um conteúdo de modo que ele traga melhorias para sua vida.

Aprender é processo cognitivo – da capacidade que o sujeito desenvolve de relacionar-se de tal forma com um objeto, com uma informação ou com um saber, e torná-lo parte de si, contribuindo para seu crescimento nos diferentes aspectos da vida: pessoal, social, profissional. É mobilizar-se.

E essa mobilização dos sujeitos extrapola os muros escolares. Quer sejam educandos, quer sejam educadores, temos que confiar na subjetividade que existe nos seres humanos em prol da inteireza de sermos sujeitos históricos, na atual situação.

Não se trata de agora, perante o isolamento social, depreciar a escola, mas pensar no sujeito aprendente como alguém capaz de exercitar seu direito de aprendizagem sem necessariamente responder às obrigatoriedades que a própria escola lhe impôs, assim contribuímos com a geração de um espaço muito mais ampliado e diferenciado do escolar, que rompa com a lógica de produção de trabalho, de criação e de rotina cotidiana que o sistema atual nos dá.

CAPÍTULO 3
UM PROFESSOR CHAMADO SR. CONSTANTINO...

Vocês sabem o que faz um professor diante do desafio de uma educação remota? Ele se reinventa...

O que poderia ser um obstáculo para alguns, para outros foi um exercício incansável de superação, criatividade, ousadia. Meu estimado Professor Constantino, mesmo com todas as dúvidas e medos de não conseguir garantir uma educação de qualidade para seus alunos, homens e mulheres em processo de alfabetização, não hesitou em colocar em jogo todos os saberes que a vida já lhe possibilitou em sua jornada.

Mesmo não sendo um *expert* nas Tecnologias da Informação e Comunicação, brindou a cada um de nós, seus alunos e colegas de trabalho, com suas videoaulas de uma sensibilidade e uma riqueza de conteúdos ímpares. De um quintal tão generoso quanto seu coração, da intimidade de sua casa, nos ensinou sobre a natureza, sobre os insetos, sobre chás, temperos e plantas... e sobre as flores. E que flores belas... um diferente buquê a cada dia!

Professor Constantino, certo de poder ajudar seus educandos, superou a preocupação com o erro e demonstrou uma capacidade sublime de acolher o próximo por meio da partilha do conhecimento. E, quando achamos que a novidade do ensino remoto havia passado, eis que surge uma LOUSA... sim, uma lousa.

A lousa reformada há poucos dias na sala de aula? Não. A lousa do texto da professora Mônica Hummel[3], que alimentou a

---

[3] Professora Mônica Sydow Hummel já foi professora universitária, aluna e pesquisadora de École Nationale de la Magistrature, em Paris e dedica-se à formação docente, tendo atuado na Secretaria de Educação de São Bernardo do Campo.

nossa formação continuada on-line da semana? Não. Uma lousa nova, comprada em algum varejo virtual e entregue na casa do professor? Também não.

Surge uma lousa recém-pintada na parede branca daquele mesmo quintal que nos acolhe diariamente. Caprichosamente desenhada pelo professor, pedreiro, poeta. Primoroso...

Ah! Professor Constantino, como eu aprendo com você! Sim, eu aprendo com você... sou técnica, graduada e pós-graduada. Sou gestora, sou educadora... e hoje faço honras a ti, pois és tu quem me ensina o verdadeiro sentido sobre o conhecimento que importa!

Abraços!
25 de abril de 2020.

> ## O CONHECIMENTO QUE IMPORTA
> É o conhecimento que o educando quer saber, que faz sentido, quer seja ele conceitual, atitudinal ou procedimental; que prepara para o próximo conhecimento, que oportunizará acesso aos bens culturais comuns; que poderá inseri-los na sociedade de maneira mais igualitária; que provoca a curiosidade, que tem qualidade, que é diversificado; que promove a superação dos obstáculos, que agrega; amplia uma ideia inicial, que forma para a cidadania.
>
> Existem também os conhecimentos escolares que são importantes como as regras ortográficas e gramaticais, os cálculos e a leitura fluente entre outros.

Letramento

Alfabetizar, para Paulo Freire, é educar para a transformação da realidade, para a libertação, tendo como ponto de partida a leitura do mundo, que precede a leitura da palavra. É um ato que está para além da construção do Sistema de Escrita Alfabético (SEA). Alfabetizar é colocar na prática o exercício de codificar/decodificar e descodificar (Capítulo 3, *Pedagogia do oprimido*, 1968).

Alfabetizar aponta para a leitura crítica, para o diálogo, para a coletividade, para o entendimento da realidade e sua superação, para a conscientização. Tem preceitos na Educação Popular que trazem a mobilização, a leitura do mundo, a compreensão dos processos da produção escrita e da diversidade. Coloca a alfabetização no patamar de prática de dimensão social.

A isso damos o nome de letramento, conjunto de práticas de uso da linguagem escrita num dado contexto. Aprendizagem que se estende ao longo da vida e considera os padrões culturais, costumes, valores e necessidades dos aprendizes.

Do acesso e do direito à educação, ler e escrever são tidos enquanto formas de ser e estar no mundo, superando a segregação causada quando da ausência de informação. É do acesso à leitura e a escrita que vêm as possibilidades da participação e o usufruto por parte dos sujeitos, homens e mulheres, na e da vida em sociedade.

Do letramento, temos diferentes práticas sociais mediadas pela língua escrita e que se fazem presentes no mundo do trabalho, da família, da participação social e agora, como nunca, do cuidado com a saúde e do acesso às tarefas escolares.

Tem foco na contextualização das mensagens escritas, apresentadas em diferentes portadores textuais e suas diversas representações. Está para além da decifração letra/som que é parte da construção do sistema escrito alfabético. Mensurar as habilidades de uma pessoa alfabetizada é importante papel da escola, para que em seu planejamento o educador possa melhor encaminhar sua intenção pedagógica ante a necessidade educativa do aluno.

A ideia de analfabetismo não é somente aquela que nos remete ao não saber ler e escrever, mas principalmente a *saber ler e escrever de forma a comunicar-se ou comunicar uma ideia.*

Ao vivenciarmos este tempo de pandemia, no exercício da educação remota, enfrentamos cada vez mais de perto a exclusão resultante do analfabetismo na vida de homens e mulheres que, para além do risco à saúde que vêm enfrentando, estão sendo também afetados em seus direitos de acesso à escola e demais oportunidades de melhores condições de vida. Não acessar qualquer direito que seja pela não possibilidade de compreender o código (som e grafia) e por meio dele estar em lugar no mundo é, para um educador, a mais cruel forma de exclusão.

Nosso professor de História nos traz uma reflexão bem ilustrada da concepção em que acreditamos, em que Paulo Freire aponta para a pedagogia da libertação. Neste contexto do *conhecimento que importa*, debruçamo-nos junto aos educandos, para entender:

1. O que é uma pandemia e qual a importância em prevenir a contaminação pela Covid-19?
2. De que forma a pandemia infere no cotidiano de nossos alunos e nas relações que fazem com suas comunidades?
3. Como se apresenta a realidade brasileira ante a pandemia e o que podemos ver pelo mundo?
4. Como estimular o pensamento crítico e mutuamente ajudar na compreensão do que pensamos, sentimos, aquilo que já sabemos e o que desejamos saber?

Essa reflexão é mais do que ler a palavra "Covid-19" em um panfleto informativo que orienta sobre como devemos "lavar as mãos". Diz respeito a compreender nossa condição de seres históricos diante desta realidade.

Já é um tempo em que o termo "alfabetização" representa mais que ler e escrever. Um novo entendimento do ato de alfabetizar tem relação com habilidades no uso da leitura e da escrita, preocupando-se com as condições efetivas de participação nas práticas sociais no que diz respeito ao mundo letrado. Não é suficiente na sociedade atual que um sujeito saiba ler e escrever um bilhete simples, pois isso não lhe dá garantias de inclusão, como o de pleitear o direito ao "Auxílio Emergencial do Governo Federal[4]", que é feito exclusivamente por meios digitais. A cada dia vemos que é necessário, aos homens e mulheres, o domínio de tarefas mais complexas, em que compreender a informação veiculada é extremamente importante para seu sucesso pessoal e profissional. Dentre essas tarefas, vemos, neste momento, a do bom uso dos recursos digitais de informação e comunicação.

Com a intensificação das demandas sociais para o acesso a bens e serviços, nos vemos obrigados a ampliar o aprendizado da leitura e da escrita, revelando-se ser insuficiente a mera decodificação de símbolos sistematicamente organizados. Tornou-se indispensável incluir no processo de alfabetização, na de adultos especialmente, o desenvolvimento de habilidades para o uso competente da escrita e da leitura no cotidiano das pessoas. *Letramento* é o nome dado a esse conceito em alfabetização. Tanto decodificar o sistema alfabético quanto fazer uso da leitura e da escrita em práticas sociais são processos indissociáveis, e, por não se separarem um do outro, é que, sim, aprende-se a ler e a escrever por meio da leitura e da escrita em práticas reais de interação com o mundo letrado. São processos simultâneos e interdependentes.

A educação é um processo de formação integral, a educação de adultos é uma formação ao longo da vida, nela as dimensões da ciência, da cultura, do trabalho, da informação e da comunicação devem se fazer presentes.

---

[4] Auxílio Emergencial do Governo Federal, no ano de 2020, foi um benefício concedido com o objetivo de fornecer proteção emergencial no enfrentamento à crise causada pela pandemia do coronavírus,

A formação integral do ser é elemento da concepção do currículo crítico-libertador pautado na pedagogia de Paulo Freire. O trabalho de Paulo Freire é uma espécie de percurso – o trato com o conhecimento aponta um caminho: *a leitura e a releitura do mundo!*

A leitura "freiriana" da realidade é geográfica, é política, é estética, é ortopédica, é psicossocial, é filológica e é afetiva. Nesta leitura, *articulam-se* subjetividade, objetividade, corporalidade, abstração, ciência e poesia.

> *Só a esperança que nasce do hoje e no hoje desta luta confere sentido ao futuro, não como vaguidade alienada ou como algo predeterminado, mas ao futuro como tarefa de construção, como façanha da liberdade.*
>
> (Paulo Freire, 2007)

CAPÍTULO 4
DEMANDAS DA GESTÃO ESCOLAR

Calendário

2/5/2020
Tempos de pandemia – 44º dia de isolamento social
23 anos sem Paulo Freire...

DOIS DEDOS DE PROSA...

Oi, Eurídice, tudo bem? Eu estou bem!

Sim. As respostas para suas perguntas são sim positivas. Os educadores estão planejando as atividades não presenciais para a reposição das aulas. E isso tem sido feito com empenho, responsabilidade e dedicação, não tenho dúvidas sobre isso...

Mas esse percurso não é tranquilo. E penso que ainda é muito cedo para que tenhamos enquanto educadores que responder a tantos monitoramentos, mapeamentos, planilhas e perguntas. Ainda não há tempo hábil para parar e refletir de forma distanciada. Estamos no olho do furacão, estamos experienciando o novo do novo... e isto está sendo difícil. Sei da questão que sempre nos permeia que é a de "trocar o pneu com o carro andando", mas com tudo o que estamos enfrentando e também enfrentam nossos alunos, jovens e adultos, não seria hora, oportunidade de pensar diferente? Os professores, assim como as demais equipes da escola, da escola que eu represento em especial, ainda estão digerindo sobre o dilema de realizar o planejamento e as tarefas orientadas e aceitar a educação remota como forma de viabilizar este processo educativo que vem sendo vivido de forma distanciada.

É difícil para quem se alimenta do currículo crítico render-se a esta situação que por hoje é tão pouco dialógica e é por nós tão pouco conhecida, desenvolvida e praticável que é a educação feita à distância, onde temos a impressão de que parece ser feito em vão... ainda não vislumbramos resultados.... Estamos em percurso.... Em processo...

No dia de hoje, em pleno 2 de maio, lembramos dos 23 anos da morte de Paulo Freire e me pego perguntando: o que nos diria Freire frente a esta situação? Certamente nos atentasse sobre a amorosidade, e então volto para sua outra pergunta, a que diz respeito aos vínculos. Digo que este tem sido o combustível para que as ações educativas não parem... educadores diariamente se superam para que os seus não se percam, não desanimem, não desistam. As estratégias são várias: mensagens, ligações, vídeos compartilhados nas redes sociais recém-criadas, mimos deixados na escola.... Uns ajudando os outros. O vínculo entre o educador e seus educandos acontece como na transposição didática... quanto mais nós da gestão escolar conseguimos auxiliar os educadores em suas dúvidas, inseguranças e indignações, mais eles conseguem acolher seus educandos. É como um ciclo.

Estamos acostumados a funcionar tendo respostas bem limitadoras: "ou está certo"; "ou está errado". Hoje estamos apoiando os educadores para irem além do certo ou do errado, para que possam fazer o mesmo pelos seus alunos e assim enfrentamos juntos esse maremoto...

Mais que nunca o que importa agora é o processo...

Abraços,

Kely

WhatsApp, nossos primeiros registros

O WhatsApp é considerado um dos aplicativos de grande alcance, de fácil interatividade e que favorece a comunicação rápida entre as pessoas e até entre grupos, por meio de mensagens, envio de arquivos e documentos de forma eficiente e instantânea.

20/3/2020 – Nenhuma tempestade dura para sempre!

23/3/2020 – Caros amigos, por favor se cuidem, porque em meus planos futuros, inclui abraçar todos vocês!

26/3/2020 – Gentileza gera gentileza...os integrantes deste grupo que não costumam participar das interações diárias, por favor podem dar um *oi*, só para a gente saber que está tudo bem...

"Mande notícias do mundo de lá, diz quem fica, me dê um abraço, venha me apertar, tô chegando..."

27/3/2020 – Gente... temos que ficar em quarentena com calma: há pessoas que estão ficando loucas por estarem trancadas. Eu estava conversando sobre isso, com o micro-ondas e a torradeira agora pouco, enquanto tomava meu café, e nós três concordamos. Não comento nada com a máquina de lavar porque ela enrola tudo. E muito menos com a geladeira, pois ela está muito distante e fria.

6/4/2020 – Pessoal, boa noite. Entrei site, para ver as atividades de complementação pedagógica e digo, com certeza, que minha turma não consegue nem acessar e muito menos realizá-las.

A minha turma não consegue acessar, isso eu tenho certeza... só se tiverem ajuda.

Concordo com vocês quando dizem que os nossos alunos não terão condições de acessar, muito menos compreender as tarefas propostas.... Mas vamos serenar nossos corações! Segundo esse cronograma enviado, as atividades que foram postadas não caracterizam reposição, outras tarefas serão disponibilizadas a partir de 11/04, e depois teremos formação para preparar as atividades que serão oferecidas a partir do dia 14/04.... Vamos aguardar orientações do setor e enquanto isso aproveitamos nosso recesso da melhor maneira possível.

13/4/2020 – Atenção Professores, Gestores, Secretários e demais Agentes da Educação: nesta segunda-feira, 13 de abril, o Roda Viva da TV Cultura, recebe *Priscila Cruz*, presidente do programa *Todos pela Educação*. Na entrevista estarão em pauta diversos assuntos relacionados com a educação em tempos de coronavírus.

14/4/2020 – Começamos hoje, ainda estão baixando o aplicativo. São 35 alunos. Tenho contato de 23, cinco não tem celular.

Ainda preciso localizar os demais. Os outros acredito que tenham que buscar as tarefas na escola ou encaminhar pelos correios.

14/4/2020 – Estou muito chateada com o rumo que isto está tomando. A gente vai preparar atividades, disponibilizar sabe Deus como, cumprir com a legislação, num segundo saímos das mediações tão importantes e viramos "conteudistas" privilegiamos novamente os mais favorecidos e excluímos os mais necessitados. No mundo do faz de conta a gente finge que consegue dá conta do ano letivo. Pode ser que não tenha reprovação e a exclusão se torne ainda mais gigante.

Já pensei em tudo isso. As consequências serão desastrosas. Sou uma professora contrária ao ensino a distância, não sei como fazer. É uma situação atípica.

15/4/2020 – Bom dia grupo... estamos sim, todos aguardando orientações.... Para nós da gestão da escola, elas chegam bem fragmentadas e atropeladas. Eu estou em um grupo só de diretores escolares com a chefia, estou em outro só com a chefia da EJA, tem o e-mail da escola funcionando a mil... demandas que não deixaram de existir nem mesmo durante o recesso. Então é preciso primeiro organizar todas as orientações para poder passá-las com um mínimo de segurança. Temos nosso grupo para trocas e individualmente conversamos também. Estou constantemente em contato com a Cris e o Bruno para tudo o que é do administrativo.

Ontem ficamos o dia todo à disposição da entrega das cestas básicas da nossa região, logo não acessamos nada sobre a nova formação e outras atividades... acompanhamos no que foi possível, mas somente hoje conseguiremos partilhar informações... frente ao exposto, somente mais tarde conseguiremos encaminhar outras orientações e combinados, certo. Por enquanto é importante que todos acessem a plataforma de nosso trabalho pedagógico coletivo e deem um *'oi'* (quem ainda não o fez, por conta de registrar que estamos todos conectados) e logo enviaremos notícias. Um abraço apertado e minha gratidão pela parceria e paciência nesta situação.

Bom dia! Saudades de estar na escola. Do barulho da escola. De uma hora para outra me vejo tendo que ter habilidades das quais não escolhi quando optei em ser educadora. Sentimento de frustração, enfim... desculpem-me por ser tão repetitiva.

24/4/2020 – Assim como vocês, nós da gestão temos partilhado nossa travessia com nossa orientadora através de Diários de Bordo. Temos contado sobre todas as angústias e desafios que enfrentamos enquanto escola. Mas não deixamos de contar nossos êxitos, encaminhamentos de sucesso e de socializar o que vocês educadores trazem de positivo. Por pequeno que possa parecer, estamos fazendo de forma grandiosa! Então socializo com vocês a devolutiva que recebemos dela...:

"... estenda meus parabéns para todos os parceiros desta equipe maravilhosa, aos professores e funcionários. Não tenho palavras para simbolizar o trabalho de vocês. Um ensino a distância que toca os alunos com tanta emoção."

25/4/2020 – Caros, a partir de segunda-feira a escola estará aberta diariamente em regime de plantão.

26/4/2020 – Amém! Um domingo abençoado para todos nós... muito bom acordar e receber um bom dia tão cheio de carinho e afeto. Estamos nos acostumando com essa rotina. E ontem, nas mensagens postadas aqui, nos vídeos, nas falas e retorno dos nossos alunos, fomos confirmando a importância do acolhimento com respeito e dignidade... e ampliando possibilidades com muita imaginação. Até quadro/lousa virtual podemos ter... (rsrsrs), conferências das mais diversas possíveis... E no meio de tudo isso, ainda recebemos informações sobre o Brasil e o mundo, sobre o nosso *desgoverno*, dicas e doações de plantas, receitas deliciosas e muita alegria!!! Tem muita coisa triste e estranha acontecendo lá fora, mas vamos olhando as coisas boas que estamos "enxergando" melhor agora. Não tem jeito... de vez em quando preciso desabafar... e aí sai textão. Desculpa gente!

27/4/2020 – Olá amigos! Quero vida normal! Acordar amanhã e descobrir que estava sonhando! Quero sair. Quero trabalhar! Quero ir na Marechal! Segunda-feira. Fazer HTPC presencial naquela salinha apertada da informática. Tomar café com canela que só existe aí. Pipoca caramelizada. E outras delícias!

"Não permita que a vida passe sem que as pessoas saibam o significado que elas têm prá você." Pe. Fábio de Melo

Como eu queria que amanhã fosse uma segunda-feira qualquer e saber que estaria com vocês...

1/5/2020 – O meu carinho e solidariedade para vocês que estão aí na escola trabalhando presencialmente hoje. Que Deus os abençoe.

E os laços de amizade, companheirismo e fraternidade a cada dia se fortalecem.

2/5/2020 – "23 anos da Memória e presença de Paulo Freire".

Processos formativos

Temos, um espaço formativo on-line próprio dos profissionais de educação, na plataforma do Ministério da Educação (MEC). Estamos neste momento em uma formação sobre *Recursos Digitais*, que tem como proposta:

- O planejamento de situações para o desenvolvimento do trabalho pedagógico que se viabilize em um ou mais meios digitais apresentados como apoio ao ensino remoto, favorecendo as aulas dos professores da unidade escolar nas modalidades em que atuam.

Planejamento de roteiros para a aprendizagem

Justificativa: tornou-se um grande desafio para a educação, manter, nestes tempos de pandemia, sua fundamental tarefa que é a de formar cidadãos críticos que tenham condições de transformar suas realidades, por meio do conhecimento, de maneira a melhorar suas vidas.

Podemos dizer que este é um momento de aprender. Todos aprenderão sobre algo ou alguma coisa: educandos, educadores, gestores e comunidade escolar em geral.

Não existe caminho certo ou errado, existem caminhos que estão sendo experimentados e vivenciados de acordo com o contexto que enfrentam.

A ação aqui proposta, como tarefa de conclusão desta formação, visa desbravar possibilidades perante esta ação emergencial. Há muitas reflexões a serem feitas, mas a prática é urgente.

Objetivos da formação:

- Auxiliar os educadores no planejamento e elaboração de roteiros de aprendizagens para os educandos.

- Buscar meios para que os educandos caminhem de forma assistida por seus educadores, mediante roteiros de aprendizagens, e consigam alcançar autonomia em seus processos escolares.

Público-alvo: educadores e educandos da EJA.
Recurso tecnológico escolhido: WhatsApp.

Esta ferramenta de uso social é uma das mais acessíveis aos nossos educandos, considerando que é um público de idade adulta, em que o uso de aparelhos celulares é generalizado, assim como o recurso de WhatsApp. Inclusive, já era este um recurso explorado pelos educadores com suas turmas.

Segundo o material formativo a que tivemos acesso para este curso, o recurso de WhatsApp possibilita um maior alcance de pessoas e é capaz de promover interatividade ao permitir comunicação por meio de mensagens (inclusive de áudios), envio de arquivos e de documentos de forma eficiente e imediata.

Planejando as atividades: elegendo as SEQUÊNCIAS DIDÁTICAS como modalidade organizativa para o ensino. Por permitir a organização de forma sistemática, com níveis diferentes de complexidade para o tratamento do conhecimento, esta modalidade articula e permite um planejamento com objetivos bem definidos para cada conteúdo ofertado. Explora em seu conjunto de atividades a prática da oralidade, leitura, produção textual e resolução de problemas.

Então, ao educador é possível a criação de orientações claras, comandas passo a passo, de forma que o educando se sinta assistido pelo orientador, que terá um papel de mediador entre este e sua tarefa com o propósito de aprender.

WhatsApp, recurso para a aprendizagem: para a utilização do WhatsApp enquanto recurso de ensino, indicamos as seguintes orientações:

1. A criação de um grupo específico de estudo onde serão adicionados os educandos, cuidando para os esclarecimentos de regras e combinados para a situação de aprendizagem.

2. Estabelecer dias e horários em que serão enviados os materiais de estudo.[5] Ex.: as quartas e sextas-feiras, às 9h30.

3. Estabelecer um horário para a abertura do grupo onde poderão ser retiradas dúvidas e feitos comentários. Ex.: todos os dias entre 10h e 11h30.

4. Combinar outros dias e horários para os educandos que eventualmente não puderem participar em momentos do coletivo.

---

[5] Em relação aos materiais de estudo, a sequência didática organizada pelo professor poderá ser formatada em PowerPoint e as lâminas distribuídas periodicamente em PDF, recurso possível por WhatsApp. Este material deverá ser construído de maneira assertiva, evitando-se comandas extensas ou com múltiplas orientações. Poderá compor-se de *links* para vídeos, hipertextos, listas de atividades e demais recursos que enriqueçam o conteúdo desenvolvido. Tais lâminas, podendo ser impressas, se tornaram um funcional *e-book* a ser ofertado àqueles educandos que necessitarão retirar as atividades impressas presencialmente na escola.

SEQUÊNCIA DIDÁTICA	TAREFA
Coletânea de atividades, intencionais, que promovam uma reflexão sobre o objeto do conhecimento que está sendo estudado.	Cada educador deverá elaborar uma proposta de exercícios com três níveis de aprendizado. Dar preferência para assuntos mais globalizados (currículo macro). Assegurar uma estrutura organizativa única. Considerar a interdisciplinaridade.

Outros encaminhamentos:

- O acompanhamento da participação dos educandos nas atividades propostas (para fins de frequência) deverá ser realizado mediante suas interações com o grupo, nos momentos coletivos e também nas chamadas individualizadas entre educando e educador.

- A gestão pedagógica fará o acompanhamento de todo o processo por meio do registro dos educadores, que, no caso desta proposta, deverá ocorrer semanalmente nos diários de bordo.

Assim será possível estar ciente das ações, diagnosticar as necessidades que surgirão ao longo do processo e buscar novos alinhamentos para a continuidade da ação.

Na docência: Professora Ariana

Iniciei a criação de uma página no Facebook, e também de um grupo no WhatsApp com os alunos da sala. Neste momento contei com a ajuda de uma aluna, a primeira de quem eu consegui o contato, que criou o grupo e adicionou os alunos que ela tinha, tais alunos também foram adicionando os conhecidos e dessa forma chegamos a doze participantes, ainda faltavam muitos integrantes da sala neste meio e me questionei durante muito tempo se esta seria a melhor forma de contatá-los e trazer de novo a sensação de grupo, um grupo de estudos.

    Neste momento mandei um áudio para restabelecer o contato perguntando como estava o isolamento social de cada um deixei a conversa rolar, pois gostaria mesmo de ouvi-los e esse é um momento de escuta. Os alunos demonstraram receio e alegria por conta da criação do grupo, o receio vem das atividades, com perguntas como: *poxa professora, lição de casa? Vai ser difícil?* Eles demonstram muita insegurança com relação a conteúdos novos, e relatam dificuldades com a Matemática, e a alegria vem de mensagens como: *já estou com saudades da escola*. Os alunos relatam também problemas pessoais, muitos trabalham dia sim dia não, e duas alunas relatam estar trabalhando o dia inteiro, todos os dias, somente uma aluna está em isolamento total, por conta da idade. Neste momento também relataram que tem filhos matriculados, e que eles também receberão atividades, as quais eles deverão auxiliá-los, senti que o envio de tarefas pode sobrecarregá-los, e senti que deveria procurar e propor atividades que integrem família e escola, como forma de envolver a todos em casa e dessa forma estar aprendendo.

    Na quinta-feira acessei o números de todos os alunos, adicionei-os na minha agenda e integrei ao grupo todos que tinham acesso ao WhatsApp, neste momento temos 16 participantes no grupo (Marcia, Michelli, Alessandra, Angélica, Danielle, Edielma, Gabrielli, Gilvania, Gisele, Kelly, Madalena, Raiane, Sandra, Sheila, Thais e Henrique), alguns alunos me procuraram no privado e me disseram que iam ler as mensagens, porém não iam respondê-las, e somente um aluno se retirou do grupo pedindo para que eu mandasse as mensagens para ele de forma privada, pois confunde-se com muitas mensagens em grupo. Neste dia conversei com o pai do Ryan, que manifestou interesse em atividades para propor ao filho nesse momento de pandemia, mas não cedeu o número do filho para ele participar do grupo da sala, e conversei com a mãe da Raiane, que não se pronunciou sobre nada, passando somente o número da filha, que infelizmente não responde. Não consegui contato com dois alunos frequentes (Bruna e Welligton) e por este motivo pedi ajuda do grupo para informá-los sobre o que estava acontecendo, mas ninguém trabalha com os mesmos. Neste dia mandei áudios com o intuito de restabelecer laços, explicando o que tinha acontecido (recesso antecipado), e perguntando como estavam todos, e neste dia percebi que o grupo é uma boa ferramenta para conversas e desabafos entre si, onde ocorre a chuva de ideias.

Neste dia depois de todos desabafarem estabeleci algumas regras para o grupo funcionar, foi pedido que tratasse somente assuntos pertinentes a escola, e também o respeito a todos.

Quanto ao planejamento das atividades, estou buscando e digitando os materiais para que possam ser também impressos e entregue aos alunos embasados nas necessidades dos mesmos, e também inspirada no que está sendo proposto através da Secretaria da Educação.

[...]

No início da semana mandei um áudio no grupo do WhatsApp com o intuito de abrir uma conversa sobre dia de Tiradentes e o Descobrimento do Brasil, data que não é feriado, porém é de extrema importância para a história da nossa nação, pois traz com ela mudanças abruptas no modo de vida da nossa terra. Infelizmente não obtive muito sucesso nessa discussão.

O grupo no WhatsApp está sendo uma boa ferramenta de comunicação e recados, porém as tentativas de promover discussões construtivas são falhas, e por diversas vezes percebe-se que este não é a vontade/necessidade daquele grupo no momento. Eles se calam diante aos informes, porém se manifestam se têm algumas dúvidas, quando não respondem em áudio ou dizendo "ok professora", "tudo certo", ou "entendi". Acredito muito numa educação pela troca com outro, porém no grupo pude perceber que alguns alunos demoram em visualizar as atualizações no grupo, e podem se distanciar das discussões construtivas por isso, o que ainda me causa dúvidas se este é o meio de comunicação mais inclusivo, porém para informações gerais, está servindo bem.

[...]

Diante ao contato com os alunos ainda queria destacar a participação ativa das alunas Márcia, Michelli e Madalena, que sempre respondem rapidamente e além de responderem os informes, trazem pautas novas ao grupo, pois às vezes ao se abrirem, o grupo se sente mais à vontade para falar sobre como estão enfrentando este momento.

A sala também apresenta uma preocupação grande com a educação formal, perguntando de nota, lição e se isso atrasará a formação deles. Áudios deste teor são tratados com um carinho especial, sempre os motivando, e relembrando-os que são vencedores por estar onde estão.

Expliquei para o grupo fazer com calma as atividades impressas retiradas na escola, e também fazer as que vou propor a partir de agora por WhatsApp como complementação das atividades entregues e me dispus para tirar dúvidas.

ATIVIDADE DE CIÊNCIAS

Modifiquei as questões para torná-las mais fáceis ao entendimento dos alunos se os orientei a fazer com calma, numa folha a parte, para se sentirem a vontades enviar as respostas, para discutirmos sobre isso. Dei o prazo de até quinta-feira, para a realização desta primeira atividade.

Também enviei um vídeo, e comentei que era só um recurso a mais para auxiliá-los na resolução da atividade. A atividade foi complementada com um link.

> AGORA RESPONDA:
>
> DE ACORDO COM OS PROTOCOLOS DE PREVENÇÃO DA DOENÇA,
>
> 1-VOCÊ CONSIDERA IMPORTANTE O ISOLAMENTO SOCIAL? POR QUE DEVEMOS FICAR EM CASA?
>
> 2-VOCÊ TEM SEGUIDO ESSA ORIENTAÇÃO? E SEUS FAMILIARES? FALE SOBRE A SITUAÇÃO.
>
> 3- QUAIS OUTRAS MEDIDAS VOCÊ CONSIDERA IMPORTANTE PARA A PREVENÇÃO DA COVID-19?

[...]

A terça-feira, começou com a rotina que eu estabeleci, mandei um áudio no grupo com intuito de manter a afetividade, dando um bom dia e perguntando como estão, creio ser importante no momento demonstrarmos interesse no sentimento deles, e percebo que a cada dia que mando esse áudio, mais alunos se sentem à vontade para o diálogo, ficando mais participativos no grupo. Logo, também mais interessados nas atividades. Os áudios de desabafos se misturam com os áudios de dúvidas e trazem curiosidades à tona aos educandos, que esta semana estão bem mais participativos. Neste dia, algumas alunas me chamaram no privado para tirar dúvidas sobre matrículas, pois alegam preocupações sobre a vida escolar, as orientei a ir, ou ligar na escola na quinta-feira, das 08h00 às 12h00 e pedirem para abrir um protocolo sobre.

[...]

Perguntei sobre quem sabia utilizar a função PRINT do celular, obtive diversas respostas positivas e então propus uma atividade introdutória de matemática, sobre simetria, seguem as orientações dadas aos alunos:

> *** ATIVIDADE DE MÁTEMÁTICA***
>
> TEMA: SIMETRIA
>
> EM UMA FOLHA DO CADERNO, PESQUISAR E ANOTAR O QUE É SIMETRIA.
>
> DAR EXEMPLOS DE COISAS SIMETRICAS NO DIA A DIA.
>
> ENTRAR NO SITE: http://weavesilk.com/
>
> 1. FAZER UM DESENHO NO SITE, TIRAR UM PRINT DA TELA E ENVIAR NO GRUPO;
> 2. QUANDO TODOS TIVEREM REALIZADO, FAREI UM VIDEO PARA COMPARTLHAR OS RESULTADOS.
> 3. PRAZO – ATÉ SEGUNDA DIA 11/05.

As respostas da atividade proposta ontem começaram a chegar na quinta-feira, alguns alunos acessaram o site, e mesmo os que relataram dificuldade com a tecnologia tentaram realizar a atividade.

[...]

Hoje, sexta-feira com o intuito de relaxar e tornar a sexta mais acolhedora, e feliz, enviei o áudio de bom dia, com o link de uma música clássica do Brasil: O que é, o que é, de Dominguinhos, relembrando a beleza da vida, e convidando a um debate reflexivo sobre a felicidade nesse momento de quarentena.

Iniciei o dia com o clássico áudio de bom dia, e relembrei que o prazo para a atividade de simetria havia acabado e que mais tarde neste mesmo dia, haveria outra proposta de atividade.

As conversas que tive na quinta-feira me mostraram que não estava sendo significativo enviar uma atividade todo dia, estava sobrecarregando-os ainda mais as demandas que eles já têm para resolver. Neste momento entro novamente em momento de pensar, e se planejar para mudar: Como propor menos atividades por semana, mas que estas sejam significativas, e que mesmo com o mínimo, atendam às necessidades de aprendizado da turma? E quais atividades seriam estas? Qual a forma de propor que não recaia sobre a educação tradicional e monótona?

[...]

Hoje, ainda com a quietude do grupo, decidi não incomodar, mandei o áudio de bom dia, e vou enviar o vídeo: Ideias de Canário, um conto de Machado de Assis, disponível no YouTube; o objetivo com esse vídeo, além de divulgar a literatura nacional de uma forma diferente, é também que os alunos consigam relacionar a história do canário, com o momento atual, a forma como o canário vê o mundo, e a forma que eles estão vendo o mundo atualmente. Espero que eles cheguem à reflexão após essa pandemia, que isso passará e poderemos ver o mundo novamente através dos nossos olhos de canário.

CAPÍTULO 5
O PPP COMO INSTRUMENTO DE FORTALECIMENTO DA ESCOLA PÚBLICA

Com as aulas suspensas desde o início da pandemia e com as alterações necessárias no calendário letivo, a orientação é para a realização de atividades não presenciais, a serem ofertadas aos educandos, pelas unidades escolares, com o objetivo de se garantir o direito à educação de qualidade para todos os alunos da rede de ensino. Essa oferta dar-se-á pelos meios digitais ou será encaminhada de forma impressa aos alunos.

Aos educadores é dada a missão de, ainda que tenham consolidada uma prática profissional em sala de aula, enfrentar o desafio de realizar uma educação remota ante a realidade de uma pandemia que assola a nossa vida nos aspectos pessoais, sociais e profissionais.

O grupo de educadores desta unidade escolar busca caminhos para a efetivação de seus fazeres educativos perante esta realidade. Muito além de revisitar os elementos pedagógicos que compõem o trabalho desenvolvido no ambiente escolar, o conjunto de educadores se sente desafiado a navegar os mares da educação remota, com o compromissso de assegurar a qualidade de um atendimento educacional já tão peculiar que é a Educação de Jovens e Adultos, a EJA.

A Educação de Jovens e Adultos

Estudantes da EJA são homens e mulheres, jovens ou idosos, que estão de volta aos bancos escolares. Trazem nesse retorno, além do desejo de superar o fracasso escolar vivido no passado, histórias de vida, de trabalho, de conquistas. Família, filhos, sonhos, expectativas e necessidades próprias da vida adulta.

A visão de mundo desses sujeitos que retornam aos estudos agora na vida adulta, após um tempo afastados da escola, ou mesmo aqueles que iniciaram sua trajetória escolar nessa fase da vida, é bastante peculiar. Protagonistas de historias reais e ricos em experiências vividas, alunos jovens, adultos e idosos configuram um grupo de seres humanos diversos. São pessoas, cidadãos que chegam à escola com valores e crenças já constituídos.

O perfil do educando da EJA é historicamente um perfil de exclusão. E é unânime entre os educadores a preocupação com a situação dos alunos e suas realidades, dificuldades e com a forma que estão enfrentando ou não os desafios postos pela situação de pandemia. Educadores estão vendo com uma lente aumentada o significado da palavra "vulnerabilidade".

É preciso oferecer auxílio em diversas frentes: alimentação, segurança, habitação, saúde. É preciso garantir também o direito subjetivo da educação, que no caso já lhes foi negado e atualmente é garantido por lei, está sob a responsabilidade dos sistemas de ensino e tem por função ser uma educação equalizadora, reparadora e regularizadora.

Currículos de EJA costumam ser fundamentados na pedagogia freiriana. Paulo Reglus Neves Freire (1921-1997), autor de *Pedagogia do oprimido (1968)*, tece em seu trabalho uma espécie de percurso onde o tratamento ao conhecimento aponta para uma caminhada de lutas e superações, propondo uma leitura de mundo onde a realidade dos sujeitos é denunciada, criticada e superada a partir do acesso ao conhecimento. A educação de Paulo Freire tem em si os aspectos da ética, da estética e da técnica, para que aconteça de maneira significativa e transformadora.

Um Projeto Político-Pedagógico de uma escola de EJA, com diretriz freiriana, fará menção ao currículo crítico, de tendência progressista. Trata-se de

> [...] uma proposta educativa que se comprometa com a efetivação de uma educação de qualidade, que tenha por pressuposto a concepção de uma educação crítica e transformadora, que contemple uma investigação, uma problematização comprometida com a realidade estudada e, a partir da relação dialógica, vislumbre os encaminhamentos para a superação dos conflitos apresentados. (SANTOS, 2018, p. 44).

Após um período inicial de resistência e indignação por parte dos educadores, diante dessa nova forma de fazer educação, sem muita segurança ou conhecimento feito, a escuta de suas aflições e angústias se fez prática fundamental da ação da equipe de gestão escolar. Escuta essa precedida de uma longa reflexão para responder a pergunta: E agora?

Caberá ao gestor auxiliar os educadores, fazê-los refletir, problematizar suas práticas para que tomem consciência de suas ideias e crenças, as mesmas que pautam seus planejamentos, suas ações docentes e que os levam a compreender as aprendizagens de seus educandos. Esta atribuição do profissional de educação de planejar, desenvolver a proposta curricular, avaliar e encaminhar os passos seguintes deverá encontrar sua fundamentação e diretrizes no documento escolar denominado Projeto Político-Pedagógico.

O Projeto Político-Pedagógico, doravante denominado PPP, é o documento que representa a escola, ou seja, uma proposta de trabalho escolar que deve responder às necessidades educativas da comunidade escolar. Para isso é fundamental que seja genuinamente representativo das especificidades do coletivo da escola. Nesse sentido é um documento que se qualifica na ação-reflexão do próprio cotidiano escolar (PADILHA, 2002). Todos os atores do cenário escolar já ouviram sobre o que é o

PPP. Independentemente do grau de compreensão, educadores e comunidade escolar reconhecerão o projeto político-pedagógico como um documento que representa a escola.

É neste documento que se encontram as orientações para o fazer educativo – a identificação do espaço escolar, a concepção de educação, a concepção de homem e de sociedade, os princípios e diretrizes pra as ações escolares, a organização do trabalho pedagógico e o regimento interno da unidade escolar.

É fato que, quando o grupo escolar não reconhece o PPP na sua amplitude, corre-se o risco de reduzi-lo a uma tarefa meramente burocrática, sem sentido e enfadonha, o que coloca em risco o caráter identitário do documento. O PPP traz em si uma proposição que reúne um conjunto de percepções, princípios e eixos orientadores do trabalho da unidade escolar, alinhando-os de forma coerente e qualitativa.

Ilma P. Veiga (2013) nos diz do PPP como documento de identidade da escola, que regulariza e orienta as ações pedagógicas. Trata-se da capacidade que a escola apresenta de desenhar sua forma de pensar e realizar a ação educativa, afirmando a sua autonomia ante a caracterização da comunidade que atende e não se distanciando das diretrizes oficiais que regem sua elaboração.

Ao se definir como documento identitário da escola, *é necessário que o PPP se apresente completo o suficiente para não deixar dúvidas sobre o "que fazer" da escola e flexível a ponto de adaptar-se às necessidades de aprendizagens dos alunos* (PADILHA, 2013). A elaboração do PPP é muito mais que a mera formalidade a ser cumprida por uma exigência legal da Lei de Diretrizes e Bases da Educação Nacional de 1996 (Lei n.º 9.394/96), traduzindo-se como compromisso responsável com a educação de qualidade que cria condições de aprendizado para todos e está atenta aos percursos de cada um. É ferramenta de planejamento e avaliação dos envolvidos no conjunto escolar que deve ser consultada a cada tomada de decisão.

A fim de superar a mera formalidade de ser um documento feito a ser entregue para a Secretaria de Educação, para torná-lo um guia vivo, atualizado, que se faça presente no cotidiano escolar, é preciso que a comunidade escolar reflita recorrentemente sobre:

- Que escola queremos.
- Que sociedade almejamos construir.
- Qual o conhecimento que importa.
- Qual o papel de cada um de nós nesse processo.

Em nossa rede de ensino, a elaboração do PPP acontece a partir de documentos orientadores apresentados às escolas ao início de cada ano letivo, trata-se de textos disparadores, escritos pelos profissionais da Secretaria de Educação, que representam um chamado para o movimento de revisão, reflexão, avaliação e encaminhamentos das atividades educativas que se renova a cada ano letivo e que resultará na reescrita do PPP da unidade escolar. Esses documentos de orientações, juntamente de legislações pertinentes, compõem os subsídios para a elaboração do projeto. Para Ilma P. Veiga (2013), esta é uma importante ação de fortalecimento da relação entre a escola e o sistema de ensino. Já o professor Andy Hargreaves, professor do curso Educação Transformadora: pedagogia, fundamentos e práticas, da PUC de Rio Grande do Sul (PUCRS), destaca o trabalho do governo no que diz respeito a oferecer apoio, investir na profissão docente, para que ela possa estar comprometida e ser capaz de perceber os objetivos e direções estabelecidas em nível nacional, encorajando e participando de forma ativa nesse processo (informação verbal).

Nossos documentos de orientações se reportam aos princípios constitucionais da federação, às diretrizes nacionais para a educação e aos princípios da Secretaria da Educação do Município, apontando para as escolas a base de elaboração do PPP. O documento mais recente, indica que

> As escolas devem elaborar uma proposta curricular que considere o que é necessário para o aluno aprender, partindo do ponto de vista do sujeito, devendo pensar nas condições e nas mediações necessárias para que ele aprenda. A escola deve cumprir seu papel de: propiciar a efetiva aprendizagem e desenvolvimento de todos e todas. (Documento orientador do município de São Bernardo do Campo, 2012, p. 9).

Em 2012, o documento orientador já reforçava para as escolas o compromisso com os pressupostos de gestão democrática; de acesso, permanência e sucesso escolar e de práticas pedagógicas de qualidade social. Em 2017 chama para a discussão sobre a Base Nacional Comum Curricular.

Em 2020, uma segunda edição do documento, escrita para a situação de pandemia, diz da elaboração de atividades pedagógicas não presenciais, via ferramentas tecnológicas e elaboração de atividades impressas de orientação aos estudos. Tais atividades devem assegurar as aprendizagens dos educandos e responder aos pressupostos do PPP, considerando a realidade de distanciamento dos ambientes escolares.

Ao entrar em contato com o documento de PPP da escola, construído por esta comunidade escolar que é a referência identitária deste grupo, é possível encontrar considerações que esta equipe faz a partir das orientações feitas por meio dos Documentos Orientadores agregadas à reflexão sobre as Diretrizes Curriculares de EJA (2012), que é o documento de organização do município para essa modalidade.

No documento de PPP desta escola há referências sobre o tratamento ao conhecimento, este entendido como objeto de estudo e de apreensão dos saberes historicamente construídos, desenvolvido de forma integrada, sem fragmentações, em interação com o meio. Trata-se do

> [...] conhecimento construído coletivamente, de forma permanente, para que as relações de aprendizagem possibilitem a reversabilidade dos papéis no ato de ensinar e de aprender, baseada nos princípios e convivência, solidarie-

dade, justiça, respeito, valorização da vida na diversidade e na busca do saber. A proposta pedagógica, pensada para a formação de cidadãos conscientes, responsáveis, críticos, participativos, conduzirá o ensino por meio das dimensões da Cultura, do Trabalho e das Ciências. (PPP, 2019).

A concepção de currículo presente no PPP da escola pretende ultrapassar a estrutura linear e compartimentalizada de disciplinas isoladas e desarticuladas, pautando sua ação na democratização dos conhecimentos históricos construídos.

Ainda no Projeto Político-Pedagógico, temos que

> [...] a articulação dos conhecimentos a partir das vivências, experiências numa metodologia participativa conectada à realidade e as necessidades de aprender dos sujeitos, qualifica o tempo que passa na escola para uma aprendizagem que realmente seja significativa para o aluno jovem e adulto. (SÃO BERNARDO DO CAMPO, 2012).

Nesse sentido, a leitura de Michael Apple nos atenta para a necessidade de um currículo que de fato seja socialmente justo e conectado com a vida dos educandos e educadoress. Reafirma a construção de um currículo articulado às realidades da comunidade em que está inserido, respeitando sempre as "habilidades, predisposições e valores do seu público". Há nesta realidade perfis éticos e políticos que reforçam a não neutralidade da educação, como sempre nos apontou Paulo Freire, "[...] não há neutralidade na educação" (FREIRE, 1996).

Como resultado do processo de elaboração do PPP, a escola acaba por sinalizar, enquanto eixo norteador do desenvolvimento do seu trabalho pedagógico, a seguinte provocação: *"qual é o conhecimento que importa?"*.

Ainda de acordo com Apple, supera-se a ideia de construção de currículos pensados a partir de conteúdos unicamente escolares, para que seja possível a ampliação do significado da escola na vida dos educandos. Aprende-se em todos os lugares e aprende-se ao longo da vida.

Vivendo um momento de dúvidas, incertezas e resistências iniciais às orientações apresentadas pelo Documento Orientador frente à Pandemia (de Abril de 2020), foi preciso primeiro acolher a angústia dos profissionais envolvidos, que se colocavam por meio de falas significativas como:

> *"...não será fácil pensar em alternativas viáveis para a EJA..."*

Ou

> *"...minha turma tem muitos idosos e até pessoas com deficiência. Grande parte não tem acesso às tecnologias".*

E ainda,

> *"... minha turma só produz se tiver ajuda por perto..."*

São falas que remetem a preocupações relacionadas ao fato de dar continuidade aos processos de ensino e de aprendizagem interrompidos de forma brusca e que agora precisam ser retomados para além do desafio da inclusão digital. Cabe então buscar um subsídio de apoio e de acompanhamento aos educadores e seus educandos ante a complexa tarefa de "ensinagem", em especial àquela que se dá na modalidade remota, de forma a compreender como isso afeta os educandos e tomar providências que minimizem as perdas educacionais, em especial àqueles que se encontram em situação de maior vulnerabilidade.

A palavra "inovar", tão presente nos fazeres da vida cotidiana, inclusive no que diz respeito ao fazer educativo, nunca esteve tão representada no trabalho do educador. É dada a hora de pensar e "planejar outras formas de organizar e gerir o currículo, os conteúdos e a dinâmica da sala de aula", como é colocado pelo professor Jaume Carbonell, também do curso Educação Transformadora, quando da discussão sobre a criatividade e inovação na escola. Ele nos diz sobre os conceitos que definem os educadores inquietos: envolvimento, paixão, compromisso ético, senso de responsabilidade, impulso profissional e desejo de evoluir (informação verbal).

O PPP da unidade escolar, construído de forma participativa e revisitado ao longo dos últimos anos, a fim de se aproximar cada vez mais dos pressupostos apresentados pelos Documentos Orientadores, mostrou-se como o subsídio fundamental para esse trabalho. É nele que se encontra uma caracterização real de sua comunidade escolar, da forma como o fazer educativo se organiza e reafirma o currículo libertador como base fundamental para o planejamento dos educadores. Assim, o conhecimento que importa é, definitivamente, o balizador das ações a serem pensadas para o trabalho com os educandos.

Observa-se então um esforço cercado de responsabilidades para com o dever de educar, feito de forma responsável, com dedicação, empenho e compromisso, buscando superar as dificuldades postas tanto pelo distanciamento da sala de aula quanto pela falta de conhecimentos no uso dos recursos tecnológicos, neste caso por parte de educandos e de educadores. Ao planejar atividades não presenciais, os educadores abrem mão de estratégias diversas, considerando muitas formas de comunicação, todas possíveis de ser exploradas e assim fazer acontecer um fluxo de mensagens, gravações de vídeo, ligações, cartas manuscristas e até sistemas de entrega de atividades de forma a não se perder o vínculo com os educandos e, mais, fazê-los acreditar em suas capacidades de aprender, de transformar e de superar o que está posto, muitas vezes de forma opressora e tirando-nos nossa dignidade. Exatamente o que defende o PPP da unidade escolar.

> O currículo é entendido aqui como o conjunto dessas atividades, carregadas de sentido, com uma intencionalidade educativa capaz de indicar caminhos, admitindo mudanças, alterações em busca da aprendizagem de todos os alunos, ultrapassando a reprodução de saberes e fazeres, possibilitando as trocas de experiências e possibilitando a construção de aprendizagens significativas. [...] tendo

em vista, prioritariamente, a formação do cidadão comprometido eticamente com a transformação da sociedade. (PPP, 2019).

Aos educadores é dado o momento de colocar na práxis saberes de sua formação profissional, que, segundo o professor Celso Vasconcellos, refere-se a:

- Saberes éticos, políticos, estéticos, filosóficos e afetivos
- Saberes da atividade humana
- Saberes da sua área de conhecimento
- Saberes da sua profissão docente
- Saberes pedagógicos

A escola, ao trazer a tona seu documento principal, o PPP, alimenta a formação continuada dos seus educadores, infere em suas práticas a partir do resgate das ideias outrora debatidas e validadas como identitárias do grupo, qualifica a organização do trabalho pedagógico desenvolvido e fortalece a coletividade e o sentimento de pertencimento afetado pelo distanciamento social. O PPP é fonte de fundamentação teórica e subsidia o caminhar da escola em suas dimensões pedagógica e administrativa.

Ainda segundo Vasconcellos:

> [...] tornar-se professor é uma jornada inacabada. A prática docente é uma ação mediadora entre os diferentes mundos que compõe o fazer educativo. É uma mediação que implica permanentemente estudo, aprendizado e proposição. A formação do docente não para nunca. (2012, p. 32).

O inédito viável de Paulo Freire, combustível da transformação que tanto almejamos pelas práticas educativas significativas, contextualizadas e inclusivas, pode assim ser percebido nos registros dos educadores:

- O professor da T1, em seus registros reflexivos, conta do trabalho pedagógico desenvolvido a partir da temática da pandemia: entender o que é a pandemia e a importância da prevenção à contaminação da Covid-19; abordar e analisar o cotidiano dos alunos no contexto geral da pandemia; saber de suas necessidades básicas e auxiliar na busca de alternativas; refletir sobre o atual momento da pandemia no Brasil e no mundo; estimular o pensamento crítico e mutuamente nos ajudar a compreender o que sentimos, aquilo que sabemos e aquilo que desejamos saber.

- Outra educadora aponta que *"o conhecimento que nos importa, agora e sempre é o conhecimento que responde para as falas significativas dos educandos, diálogo que denuncia, que amplia e concretiza uma situação que oprime. A situação--limite. O conhecimento que importa é aquele que responde para a compreensão daquilo que não dignifica a vida humana."*

- Já a professora da T6 descreve sua atividade levando em consideração a realidade em que seus educandos se encontram: *"Hoje, ainda com a quietude do grupo, decidi por uma atividade mais acolhedora. Enviei um vídeo – Ideias de Canário, um conto de Machado de Assis. O objetivo, além do contato com a literatura nacional de uma forma diferenciada, é a que os alunos relacionem a história do canário com o momento atual, a forma como a ave vê o mundo e a forma como estão vendo o mundo atualmente. Espero que cheguem à reflexão que, passada essa situação de pandemia, poderemos ver novamente o mundo com nossos olhos de canário."*

Essas colocações, para além de toda a carga emocional que carregam, respondem aquela pergunta que nos fazemos ao pensar sobre o currículo da EJA: qual é o conhecimento que importa?

Sem a preocupação com o conhecimento que importa, a educação e a escola ficam desprovidas de suas funções. O grande desafio está em desnaturalizar o conhecimento mediante o diálogo crítico, que supera o senso comum e traz significado para o papel da escola na vida dos educandos.

Tal preocupação é uma práxis que se efetiva na organização de situações de aprendizagens onde os educandos possam avançar na aquisição do conhecimento historicamente construído e pela escola sistematizado, colocando em jogo os saberes que já possuem (os conhecimentos prévios) ao mesmo tempo que tenham acesso a novos conteúdos, orientados pelos seus educadores, que não perderão de vista a dialogicidade que supera a mera transmissão de informações.

Há como recorrer a uma trajetória construída pelo grupo, que é a que está representada no PPP e os encaminhamentos realizados antes disto que vivenciamos com o aparecimento da pandemia, além dos novos documentos de orientações. Há também o imprevisível e foi este sentimento que imperou quando da retomada das atividades escolares de forma remota.

A coletividade presente no grupo escolar, fortalecida pela sua identidade é o que se caracteriza por 'comunidades de aprendizagem', onde educadores juntos discutem os aspectos do processo de ensino e de aprendizagem dos educandos e planejam para eles as melhores condições de sucesso escolar.

A escola pública não está à deriva. Ela é fortalecida em ações democratizadas e efetivamente reconhecidas em seu documento principal, o PPP, que tem como responsabilidade garantir a qualidade da educação ofertada e também não permitir a superficialidade de ações educativas no que diz respeito aos direitos de aprendizagem de todos e de cada um, principalmente na situação de pandemia na qual vivemos.

O ato de ensinar não significa apenas em exercício técnico ou reduzido a práticas predefinidas, principalmente pelo mercado educacional. É uma experiência profundamente humana que faz parte do compromisso fundamental de formação cidadã para uma vida sustentável, justa e de solidariedade.

CAPÍTULO 6
DOCUMENTO PEDAGÓGICO

Diários de Bordo

Boa Tarde!

Essa semana começou mais tranquila devido ao feriado, aonde tivemos o ponto facultativo na segunda, que se prolongou a terça-feira. O momento que vivemos confunde-nos muito, estamos perdidos entre dias da semana, meses e feriados. E o reflexo que isso tem na educação é imenso, quando se perde o contato real, perde-se a significação das datas, e isso compromete uma educação libertadora, por isso no início da semana mandei um áudio no grupo do WhatsApp com o intuito de abrir uma conversa sobre dia de Tiradentes e o Descobrimento do Brasil, data que não é feriado, porém e de extrema importância para a história da nossa nação, pois traz com ela mudanças abruptas no modo de vida da nossa terra. Infelizmente não obtive muito sucesso nessa discussão, ouvindo afirmações que agradeciam o fato de poderem estar em casa como a maioria dos trabalhadores, e também recebi diversas perguntas sobre o auxílio alimentação, as quais respondi com as orientações passadas no grupo da escola, que eles têm direito, que a secretaria já os cadastrou, porém que até aquele momento (Segunda-feira, dia 20/04/2020) eu não tinha mais nenhuma informação, que quando qualquer coisa mudasse eu os informaria.

O grupo no WhatsApp está sendo uma boa ferramenta de comunicação e recados, porém as tentativas de promover discussões construtivas são falhas, e por diversas vezes percebe-se que este não é a vontade/necessidade daquele grupo no momento.

Eles se calam diante aos informes, porém se manifestam se tem algumas dúvidas, quando não respondem em áudio ou dizendo "ok professora", "tudo certo", ou "entendi". Acredito muito numa educação pela troca com outro, porém no grupo pude perceber que alguns alunos demoram para visualizar as atualizações no grupo, e podem se distanciar das discussões construtivas por isso, o que ainda me causa dúvidas se este é o meio de comunicação mais inclusivo, porém para informações gerais, está servindo bem.

Na quarta-feira a Angélica, entrou em contato comigo com um número diferente do que a escola forneceu, não tinha conseguido contato com ela até então, provavelmente a aluna trocou de chip, e está usando outro número, quando me chamou ela me disse que fazia parte do grupo ela fazia parte do programa de transferência de renda, mas foi desligada do serviço e gostaria de saber se ainda estava matriculada na escola e se teria direito ao cartão-merenda, disse-lhe que a matricula na escola era a parte do serviço, e que com certeza ela ainda estava matriculada sim, e teria direito ao benefício. Dei o número da escola para tirar maiores dúvidas e conversei com ela sobre como estava as coisas, aparentemente a aluna está passando por dificuldades financeiras, mas tem interesse em continuar na escola, logo a informei sobre as atividades e o grupo da escola, e ela se dispôs a entrar e a fazê-las.

Gostaria de destacar também o interesse do aluno novo, Rian, conversei com o pai dele no primeiro contato, que me informou que tinha interesse que o filho realizasse atividades durante este período de pandemia, o autorizei a dar meu número ao menor, fiz a acolhida pelo celular, o aluno me informou que não gostaria de participar do grupo da sala pois não conhece ninguém, mas que ficaria em contato, e frequentemente manda mensagens, e dúvidas (um fofo). Diante ao contato com os alunos ainda queria destacar a participação ativa das alunas Márcia, Michelli e Madalena, que sempre respondem rapidamente e além de responderem os informes, trazem pautas novas ao grupo, pois as vezes ao se abrirem, o grupo se sentem mais à vontade para falar sobre como estão enfrentando este momento.

A sala também apresenta uma preocupação grande com a educação formal, perguntando de nota, lição e se isso atrasará a formação deles. Áudios deste teor, são tratados com um carinho especial, sempre os motivando, e relembrando-os que são vencedores por estar aonde estão.

As atividades propostas na apostila impressa e entregue na quinta-feira, foram planejadas com o intuito de atingir a todos de forma igualitária, promover a aprendizagem mesmo que a distância, criar temas para que eles levantassem dúvidas e discussões para aprendizagem no grupo, criar vínculos com a própria família e pessoas com quem estão convivendo neste período, retomar conhecimentos que eles já possuem e informar para relacionar com o que está sendo vivido atualmente. Poucas questões têm certo e errado, a maioria se relaciona a assuntos atuais, ou a lógica, tendo como objetivo manter o cérebro ativo, e dessa forma elevar a autoestima, pois acredito que se eles conseguirem resolver estes primeiros exercícios propostos, será uma conquista pessoal imensa para cada um.

Quanto a formação pessoal, venho acompanhando as redes que chegam por e-mail, e as orientações que chegam no classroom. Além de ter lido a plataforma do AVAMEC, continuação da formação, esta semana li sobre Facebook e WhatsApp, o que foi muito construtivo, pois são as ferramentas que estou utilizando para contato com meus alunos. Segue o endereço da página que estou criando, agora que sei da importância de se alimentar a página com conteúdo leve, porém cheio de informações para aumento de conhecimento. O intuito da página e fornecer informações diversas, além de ser outra forma de se contatar a professora, quem sabe até motivar uma conversa sobre o tema no grupo, enquanto o grupo tem como objetivo informes, e elucidar dúvidas, explicar atividades, motivá-los e manter um contato ativo, e significativo para o grupo neste momento tão difícil.

A PROFESSORA / Turma 6

Esta semana, nem sei como iniciar este registro, pois esta semana foi tanta coisa.... Foi estressante, cansativa, deu vontade de sair correndo, mas não dá nem para fazer isso.

Amo ficar em casa, perto da minha filha mais ser mãe, professora e dona de casa ao mesmo tempo está bem difícil.

Quando estávamos trabalhando presencialmente, eu fazia tudo isso, mas para cada coisa eu tinha um horário, segui uma rotina e em casa por mais que eu tente está difícil estabelecer uma rotina, mas continuo tentando.

Descobri, em casa, que trabalhar em dois períodos pode ser mais desgastante a distância. Pela manhã, ou melhor, o dia inteiro, nunca falei tanto no WhatsApp como agora, logo eu que sempre evitei ficar muito tempo nas redes sociais, que olho e dificilmente posto algo.

Durante a semana entrei novamente no AVAMEC e revi alguns dos tutoriais sobre as diversas ferramentas que podemos usar. Tem muita coisa interessante que eu gostaria de usa, mas ao conversar com os meus alunos, a maior parte solicitou atividade via WhatsApp. Eles dizem ter mais acesso, principalmente porque tem aluno que não tem uma internet" boa "como eles dizem.

Ao conversar com eles sobre as atividades da Secretaria da educação que teriam que ir buscar na escola uma vez que muitos disseram não conseguir acessar o portal da educação percebi falta de compromisso por parte de alguns, inclusive minha aluna Lueli disse que não ia fazer as atividades pois não estava com vontade. Outros já mostram preocupação de estar tanto tempo longe da escola.

Minha aluna Adriana disse que não poderia ir buscar as atividades na escola por morar muito longe e não ter dinheiro da passagem.

É difícil para eles, não estão acostumados com a situação e percebo que assim como acontece com a gente, tudo é novo e o novo assusta, saímos da acomodação que nos trazia segurança.

Apesar de todas as dificuldades o trabalho continua e vamos seguindo em frente na medida do que é possível.

Este tempo veio para que eu pudesse rever minhas ações, refletir sobre meu trabalho com a professora, como estou direcionando, o que eu faço nas aulas e percebi que preciso aproximar mais ainda os alunos do que é possível dentro de suas possibilidades.

Há várias maneiras de aprender e não somos e nunca fomos os detentores do saber. O olho no olho é importante, mas a escola é muito mais do que isto.

Após responder muitas dúvidas dos alunos, gravei um vídeo para o Heitor e o vídeo que ele fez para mim foi para fechar a semana com "chave de ouro", fiquei tão feliz que compartilhei com o grupo da escola.

Obrigada pelo carinho da equipe de gestão e por poder trabalhar com pessoas realmente comprometidas.[6]

A PROFESSORA / Turma 2

Fazemos nossas anotações de realização de atividades semanais de 2ª a 6ª feira, como se não continuassem nos finais de semana, mas os dias semanais agora em casa são como os finais de semana, apesar da gestão procurar respeitar essas questões, os alunos nos procuram a qualquer momento, sábados, domingos e feriados, e por vezes acaba acontecendo a recíproca, ainda que não seja o ideal.

Gostaria de iniciar retomando e alterando uma informação contida no relatório anterior, quando o contato com a aluna

---

[6] Grifo da professora.

Aureni não tinha sido possível. A mesma encontrou-se com a colega Libini da sala, que passou o número do meu contato, e me ligou passando outro número de WhatsApp para que as atividades pudessem ser enviadas dessa forma, como para os demais alunos.

Sobre as atividades, continuei o envio de 5 diariamente (com exceção de sábado e domingo) até 4ª feira para os brasileiros, conforme combinado na semana passada, finalizando o envio de todas as proporcionadas pela Secretaria de Educação. O recebimento para correção dessas, a solução de dúvidas ou orientações, no entanto não pararam no final de semana.

Outro procedimento simultâneo foi o envio de mensagens a alunos que não devolveram nenhuma atividade resolvida, com a verificação das razões e palavras de ânimo e incentivo para que procurem realizar apesar das dificuldades, disponibilizando-se a qualquer necessidade de auxílio ou orientação.

Na própria 4ª feira divulgamos também aos alunos a entrega do cartão de merenda na nossa escola, hoje dia 1º de maio, para o qual consegui da mesma forma entrar em contato todos os alunos frequentes.

Tendo mencionado também no último relatório a dificuldade da realização de videoaulas, acabei substituindo as mesmas por mensagens de voz, aliadas a imagens/fotos de atividades para os estrangeiros. Esse envio acabou acontecendo durante o final de semana mesmo, quando consegui me dedicar melhor à tentativa e experimentação de algumas possibilidades, acabando por optar ao envio das atividades dessa forma.

A intensa troca de mensagens individuais com cada um dos alunos todos os dias e em todos os horários do dia por conta de todas as demandas supramencionadas, o estudo do AVAMEC foi totalmente interrompido essa semana.

A PROFESSORA / Turma 5

* Acompanhar o grupo dos educadores
* Leitura dos e-mails
* FORMAÇÃO

Caros cursistas,

Em breve o conteúdo da aula 1 será disponibilizado, mas seguimos com a orientação de que os comunicados oficiais são feitos através das Redes, portanto, aguardem a divulgação dos prazos em Rede específica.

Atenciosamente,

Equipe,

Você recebeu esse e-mail porque está participando da turma EJA 08

* Responder o formulário e enviar: A Secretaria de Meio Ambiente e Proteção Animal, quer saber sobre as suas percepções, principalmente seus hábitos de consumo.

* Leitura do Portal

* Leitura das redes.

* Continuação da leitura da formação

* Postagem no grupo. Conversa com os alunos. Reforcei a importância da leitura diária, de atividades no caderno e com capricho, quando retornarmos irei observar e fazer as devidas intervenções.

* Postei uma mensagem no Blog e socializei com os no grupo.

* Fechando este registro: 2 alunas não consegui entrar em contato, tentei várias vezes e em vários dias:

LUZIA

MARIA

* Após a leitura senti muito abalada, de forma alguma poderei auxiliar. Fui exclusa deste grupo que pode colaborar nesta fase da pandemia. Sinto muito.

Mas, estarei fazendo a minha parte em casa, ligando para os alunos, postando diariamente notícias atualizadas para eles ficarem atualizados. Somente notícias mais amenas, chegam de alardes, os meios de comunicação se encarregam desta parte.

* Incentivar a leitura diária e realização de lições no caderno para registrar as lições realizadas. Os que estão saindo para trabalhar uso de máscara. Também manter os cuidados por conta da pandemia do Covid-19.

* Os alunos o tempo todo me perguntam sobre o cartão de merenda. Tenho que falar tudo outra vez. A escola irá avisar o dia e irá agendar o horário para cada um ir receber, para não criar aglomeração na secretaria da escola. Pode passar o dia e horário que posso passar para os alunos para agilizar o trabalho da secretaria. Farei o que estiver ao meu alcance.

Hoje posso dizer que foi um dia tumultuado embora fazendo um trabalho home office, estava atenta a saída do Ministro da Justiça. Podemos dizer que será um ato que marcou o dia de hoje nos noticiários do Brasil e do Mundo. E, logo o discurso do Presidente com seus ministros sem o distanciamento previsto e o uso da máscara. Só um ministro se destacou usando máscara. Será um fato histórico toda esta trajetória que estamos vivenciando. Quero viver o suficiente para assistir relatos destes acontecimentos nos livros de história.

Até os alunos estão atentos a estas alterações da política do país em plena pandemia.

"A renúncia é a libertação. Não querer é poder." Fernando Pessoa
* LENDO

Deparei com um texto do Moran, que já havia visto muito sobre seus estudos (sempre gostei do seu trabalho, ideias renovadas). Ele diz que há vinte anos ele vem experimentando o estudo virtualmente. E, só obteve bons resultados. Mas, com a crise inesperada todos docentes, gestores, estudantes e famílias estão envolvidos neste processo de aprender em casa mais do que na escola. Se essa crise de confinamento em casa durar bastante teremos tempo de validar esses novos modelos e incorporá-los depois de forma mais sistemática quando tudo voltar ao normal.

Pode-se dizer que é o momento de reinventar-se. Buscar novas estratégias que orientem os alunos a continuar a rotina de estudos em casa e que permitam que essa aprendizagem seja adequada e efetiva.

Muitas sugestões novas, os colegas compartilharam como vídeo sobre um assunto, uma lista de compra que eles fizeram anexar a nota no caderno. Conferir os valores. Isso me fez lembrar a minha mãe, quando o valor da compra estava alto, ela conferia a quantidade que estava na nota item por item. E hoje e acabo fazendo isto também rsrsrsrsr...

De acordo com Moran *"Há oportunidades fantásticas também para que cada um aprenda no seu ritmo o que lhe for mais conveniente, de expandir nossas habilidades, competências através de redes de especialistas, de redes de práticas, de comunidades de aprendizagem. Muitas instituições estão abrindo seus cursos online. Ao mesmo tempo podemos desenvolver nossas competências de aprender a conviver de várias formas, de ser solidários, de dar apoio aos que necessitam. Esta crise inesperada, ao lado de inúmeros prejuízos econômicos, também nos oferece grandes oportunidades de avançar no conhecimento, no desenvolvimento das competências, nas formas de aprender e ensinar e na solidariedade."*

Bora para próxima semana. Bora ser feliz! É o que temos para hoje!

A PROFESSORA / Turma 4

04/05/2020

Durante o fim de semana recebi a atividade do dia do trabalhador respondida da aluna Larissa, e hoje recebi do aluno Henry.

Escrevi no início da manhã uma mensagem à tod@s (rede de transmissão) que estou aguardando os retornos d@s alun@s que ainda não realizaram essa tarefa sobre o Dia do Trabalhador. A aluna Julia França visualizou e escreveu "está bom", mas ainda não respondeu.

Os demais continuam em silêncio, sem ter visualizado a demanda e sem marcação de que a mensagem foi recebida. Em relação à prazos de entrega, fico num dilema sobre essa situação que estamos vivendo "fora do tempo normal", e muito pouco à vontade em ficar estabelecendo prazos fixos, levando em consideração que apenas 3 visualizaram e retornaram e os demais nem sequer viram.

Li a devolutiva do diário de bordo enviada no classroom pela gestão, li as redes... mensagens do grupo, participei do HTPC online, Aula 1 - EaD - EJA - Módulo II, lendo os conteúdos.

05/05/2020

Percebendo que apenas 3 alun@s respondem as minhas mensagens e inconformada com a situação, fiquei pesquisando na internet quais poderiam ser os motivos de, em uma rede de transmissão, alguns receberem as mensagens e outros não. Num fórum, encontrei essa resposta:

"A lista de transmissão é um recurso muito bom, porém apenas quem tem seu contato cadastrado é que vai enxergar. Ou seja, se na sua lista estiver alguma pessoa que não tem cadastrado seu contato, essa não receberá. Daí você tem que mandar para ela individualmente mesmo."

Mediante essa informação, comecei a tentar escrever mensagens um a um, passei o dia todo nessa função de falar com as pessoas, muitos dos contatos nem sequer conheciam os procurados!

Enviei mensagem a todos os contatos e deram retorno: Alicia, os pais do Daniel, o pai do Clailton, Julia Beatriz e Héchilen, até o momento.

Aos que deram retorno escrito, enviei a tarefa da semana passada sobre o dia do trabalhador, informando que entregassem até a próxima sexta-feira, dia 08/05/20.

Finalizei e enviei a tarefa sobre recursos digitais do AVAMEC.

A professora compartilhou a atividade que elaborou para a sua turma, sobre a comparação do "antes e depois" da reforma trabalhista de 2017, mas não enviei para a minha turma ainda.

06/05/2020

Obtive retorno de contato d@s alun@s: Hernã, **Gabriel, Gabrielly, Kamila** (que disse estar com a mãe em Recife e que só voltarão quando a pandemia passar)**, Daniel** (o pai disse que o aluno está com a mãe, passou o celular dela)**, Beatriz Souza e Beatriz da Conceição, Taiane**. O número que havia na ficha do aluno **Kevin** não recebeu a mensagem e o aluno **Júlio Cesar** não terá condições de fazer as atividades porque o telefone é da vizinha.

Enviei à tod@s a tarefa da semana passada e logo que responderem enviarei a próxima.

Acompanhei as mensagens enviadas pelo grupo de alunos e da escola.

Nesses retornos, uma coisa que me deixou preocupada foi que, a maioria dos contatos eram dos responsáveis, e estes disseram que el@s haviam "saído" e que dariam o meu recado assim que retornassem.

07/05/2020

Enviaram por WhatsApp a tarefa d@s alun@s: **Clailton, Gabrielly, Julia Beatriz, Henry, Larissa, Brenda Cristina e Gabriel, Kamila, Héchillen**. Alguns fizeram no caderno e enviaram as fotos com as respostas, um fez numa planilha e os demais responderam escrevendo direto pelo WhatsApp.

Enviei essa nova tarefa, alinhada com a proposta de aula para a turma dela:

"Em novembro de 2017 houve uma reforma trabalhista no Brasil que produziu mudanças na lei trabalhista anterior a CLT (Consolidação das Leis Trabalhistas)

Pesquise no Google e leia quais foram essas mudanças, escolha 3 situações e compare como era a CLT antes da reforma e como ficou depois. Por exemplo: como era a situação das férias antes da reforma e depois, a questão da insalubridade para as mulheres grávidas, o recolhimento do FGTS, licenças de saúde diversas antes e depois, indenização por doenças etc."

Durante todo o dia estive em atendimento aos alun@s, tirando suas dúvidas em relação a atividade. Acompanhei as mensagens do grupo da escola e li a rede encaminhada.

08/05/2020

Soube que uma aluna da tarde está em isolamento com Covid-19, muito triste saber que isso está acontecendo com noss@s alun@s.

Mediante isso, escrevi uma mensagem para a turma, por rede de transmissão, informando o caso da aluna da tarde, dizendo que eu estou preocupada com el@s e perguntando se estão conseguindo manter o isolamento ou se estão saindo com frequência e se estão informados sobre o uso obrigatório de máscaras a partir do dia 07/05.

Como tarefa enviei uma reportagem da BBC News sobre: "Coronavírus: os sete erros que põem Brasil na rota do 'lockdown', segundo especialistas" para lerem com bastante atenção e responder as perguntas

1- O que entendeu sobre "lockdown"?

2- Qual é o objetivo dessa medida?

3- Quais foram os maiores erros do Brasil em relação à pandemia de Covid-19?

4- Entre esses erros, na sua opinião qual foi o mais grave? Explique.

Durante todo o dia, li as redes e comunicados dos grupos da escola e alunos e fui obtendo retorno da tarefa sobre a CLT d(@)s alun(@)s: Julia Beatriz, Clailton, Gabrielly e sobre a leitura da reportagem e as respostas às perguntas.

Também fiquei na plataforma AVAMEC elaborando a tarefa do quadro de problematização (mas ainda não acabei) para ser enviado junto a caracterização.

PROFESSORA – TURMA 53

Ações desenvolvidas no período:

1- Todas as manhãs o professor compartilha uma fala no sentido de motivar os alunos deixando-os com a autoestima elevada, assim como orientando à higienização correta e periódica que tanto se faz necessário no momento.

Foram sugeridos desenhos geométricos para serem executados usando medidas com régua, lápis e posteriormente coloridos.

2- Foram sugeridos alguns exercícios de matemática, trabalhando com soma e subtração simples

O trabalho é desenvolvido da seguinte forma: O professor envia as fotos dos exercícios a serem realizados, acompanhado de vídeo com as devidas explicações.

Devolutiva:

Oi professor já fiz o exercício com ajuda da minha mamãe

Os alunos enviam fotos com os exercícios e alguns comentários em áudio e também escritos.

3- A interação acontece diariamente e o grupo está sempre interagindo e compartilhando suas atividades.

4- É recorrente o encaminhamento de fotos das atividades realizadas em casa pelos alunos.

A devolutiva foi satisfatória.

7- Estou construindo um protótipo de uma carreta com sobra de madeiras da construção civil. A finalidade é chamar a atenção na reutilização de materiais descartados e que podem ser reaproveitados para outros fins (Artesanato), colocamos em pauta o nome da carreta.

Devolutiva:

Eu, a Luana e a Naiara vamos batizar essa LINDA CARRETA DE: "CARRETA DA UNIÃO"

8- Estamos cultivando aqui em casa, um canteiro em uma telha descartada da construção civil, os alunos acompanham o cultivo.

PROFESSOR
TURMA DE PÓS-ALFABETIZAÇÃO

26/05/20

Orientações da Gestão Escolar sobre suspensão de HTPC online de 25/05/2020 devido à antecipação do feriado e da formação on-line - COMUNICADO sobre HTPC online correspondente à segunda-feira, dia 01/06/2020.

Conforme considerações da Equipe Gestora as próximas semanas atenderíamos as demandas, tanto de realização da formação, como a orientação de atividades aos educandos, e como continuidade retomaremos a nossa atividade coletiva (de jornal), citada no HTPC online de 18/05/2020.

Leitura: DE COMUNICADO -Antecipação de feriados;

Leitura: DE COMUNICADO -Relação de professores que realizaram o curso "Recursos Digitais para o Ensino Remoto".

Leitura: DE COMUNICADO - Novos prazos e cursos através da plataforma on-line.

Leitura: de comunicado -Recarga Maio/2020 - Cartão Merenda.

27/05/20

Orientações aos educandos da EJA sobre a distribuição das atividades xerocadas na SE para os educandos – a partir do dia 27/05/2020, já estarão disponíveis para retirada por parte dos alunos, o planejamento dessas atividades complementares teve como principal objetivo, manter o vínculo dos alunos à unidade escolar, vínculo este, que está relacionado aos direitos à educação dos educandos da EJA.

Os alunos que estão cumprindo quarentena devido a contaminação de familiares foram orientados a não comparecerem à escola para retirada de atividades impressas.

As atividades complementares visam também auxiliar os alunos quanto ao contexto da pandemia em suas vidas e comunidade, como também abordar fatores resilientes para superação de problemas e adversidades.

Leitura: DE COMUNICADO -A título de conhecimento, Prêmio Educador Nota 10 – 23ª Edição

28/05/20

Orientações e devolutivas aos educandos da EJA quanto ao desenvolvimento das Atividades Complementares encaminhadas na semana de 26/05 a 29/05.

Início do Curso – Aula 2 Módulo II 2020 INTEGRANDO CONHECIMENTOS;

Levantamento de nome completo dos educandos que de forma alguma estão acompanhando as atividades escolares, seja de forma remota ou por atividades impressas para a reprodução, lista encaminhada nesta data, lembrando que, esses educandos já não estavam frequentando à escola regularmente. Segue lista abaixo:

1. David
2. Edson
3. Flaviana
4. Gilson
5. Joice
6. Marcela
7. Pedro
8. Rafaela

29/05/20

Continuidade do Curso – Aula 2 Módulo II 2020 INTEGRANDO CONHECIMENTOS;

Leitura: DE COMUNICADO-Continuidade nos procedimentos da Reserva de Vagas 2020 (COVID-19) – Segundo período de inscrições e matrículas.

Leitura: DE COMUNICADO-Folhas de presença – abril, maio e junho/2020.

Leitura: DE COMUNICADO-Troca de Experiências - FIC SP.

Levantamento junto à **coordenação pedagógica** dos educandos que são possíveis concluintes do módulo e prováveis formandos do 1º semestre de 2020:

1. Amanda
2. Francisca
3. Ivanildo
4. Jucinéia
5. Juliana
6. Maria

PROFESSOR /MÓDULO 2

As semanas foram passando e já estamos a mais de 120 dias nessa situação que na verdade ninguém nem nós, nem os alunos sabem onde vai chegar.

Com os alunos que tenho contato a preocupação é acordar vivo no dia seguinte, estão todos com seus cartões merenda e bem. Minha aluna Maria da Soledade Graças a Deus está melhor, se recuperou em casa mas ficou de molho mais de 20 dias).

Semana passada a aluna Katia me ligou e eu não atendi porque estava sem o telefone no momento e o lugar que estava o sinal era muito ruim. Não sei se a mãe ou o irmão me mandou uma mensagem um tanto ríspida se eu podia falar com a Katia. Retornei a ligação quando retornei. Ela perguntou de todos os amigos um por um, da professora Marcia e Renata, pergunta muitas vezes quando vai voltar as aulas, e fala que está fazendo as atividades. Me perguntou se não quero dar aula kkkkkkk.

Não sabemos mas imaginamos por todas as dificuldades que muitos estão passando, mas infelizmente já passavam por dificuldades que a pandemia só veio a agravar. As vezes percebo que eles acham que eu tenho que resolver algumas situações que não tenho nem acesso.

O meu grupo de alunos é praticamente mudo, as alunas que falam comigo gravam áudio no pessoal fora do grupo. Mas tem alunas que não sei o que está acontecendo desde o início disso tudo, a Neusa é uma delas.

Na verdade eles não são alfabetizados, deveriam estar fazendo e aprendendo outras coisas.

PROFESSORA
TURMA DE ALFABETIZAÇÃO

"A vida nos ensina a fazer bom uso do tempo, enquanto o tempo nos ensina o valor da vida."

Após o fim do recesso me senti meio perdida não sabendo como seriam os próximos passos que tomaríamos como temos o grupo da escola no WhatsApp à comunicação fica mais fácil e as orientações começaram a chegar.

Conforme orientação da equipe de gestão realizei a inscrição na formação e comecei a estudar a matéria disponível, e me coloquei a disposição para auxiliar a Priscila, Marcia e o Molina na pesquisa e no planejamento de material para os alunos.

Estou realizando pesquisa e leitura de materiais sugeridos em outros grupos de ensino fundamental e tentando verificar se podemos adaptar para nos alunos.

PROFESSORA AUXILIAR

Diário de Bordo: Continuo a semana preocupada em qualificar as aulas e principalmente em adesão deles, mas percebo uma queda de interesse. Alguns relatam não estar com cabeça para realizar nada por estarem preocupados com a situação toda da pandemia e o aumento assustador de casos. Preferi deixá-los mais à vontade e não cobrei a realização das atividades. Eles participaram muito através de áudios em desabafo. Alguns trouxeram vídeos ou áudios com piadas para tentar aliviar o estresse.

Mesmo com essa questão, temos no grupo meninos atuantes e que realizam atividades de situações-problema e operações envolvendo adição e subtração. Com isso, notei que ainda encontram dificuldade em subtração com recurso e adição com reagrupamento. Resolvi preparar uma videoaula explicando essas situações e posteriormente postei algumas operações para avaliar a compreensão.

Seguimos em frente com preocupação desses dias, tristes dias de incertezas, inseguranças, intolerâncias, insanidades e tantos mais "INS" que desestabilizam as nossas próprias certezas.

A semana foi de bastante trabalho e de muitas angústias, pois escancarou o quanto a escola pública e nossos alunos estão despreparados em relação as mídias digitais, tão importantes nessa pandemia.

Percebo também o quanto a equipe da Educação como um todo é resiliente e o quanto está trabalhando para diminuir os prejuízos em relação a falta de investimentos em tecnologias digitais.

Em análise das atividades complementares propostas pela SE, observei que a turma da minha sala não tem menor condição em realizá-las pois necessitam das comandas bem esclarecidas e no concreto. Necessitam de intervenções constantes.

De repente saímos de professor mediador para professor conteudista sem condições para acompanhar essa didática por não ter a principal habilidade pra isso: habilidade de ler e escrever com autonomia

Ao contatar os meus educandos me angustiei mais ainda pois somente 4 deles tem acesso a WHATSAPP e somente por meio de áudio. Outros deles tem telefone errado e sendo assim, sem condições de contato.

Enfim, sei que sairemos muito melhores depois dessa pandemia (prefiro achar que o copo está meio cheio) pois somos resilientes e estamos aprendendo mais ainda com tudo isso. Não estamos estanques, graças a Deus.

PROFESSORA
TURMA DE ALFABETIZAÇÃO

Descrição das atividades realizadas na semana.

- Comunicação com a Equipe escolar.

Comunicação via WhatsApp
Leitura de e-mail (Redes)

- Comunicação com o grupo

Continuamos nas orientações individualizadas, as dificuldades de interpretação de texto aparecem com frequência, se faz necessário mensagens de áudio ou até ligações.

- Atividades postadas na semana

Revolta da vacina

No início do século XX, os 700 mil moradores da cidade do Rio de Janeiro conviviam com a falta de rede de água e esgoto e o péssimo serviço de coleta de lixo. Isso, somado à superlotação dos cortiços, formava o cenário ideal para a proliferação de doenças. Desta maneira, o vírus da varíola se espalhava. Proliferavam ratos e mosquitos transmissores de doenças fatais como a peste bubônica e a febre amarela, que matavam milhares de pessoas anualmente.

Iniciou-se, então, uma ampla reforma, que tinha por objetivo modernizar a cidade e combater os problemas de saúde. Esse período ficou conhecido como "bota-a baixo", uma vez que aproximadamente 600 residências foram derrubadas. Com a destruição das moradias, que cederam espaço a avenidas e novos prédios, restou à população pobre ocupar os morros ou lugares distantes do centro, incrementando a construção das favelas.

A insatisfação popular explodiu em novembro de 1904, quando o governo decretou a obrigatoriedade da vacinação contra a varíola. Aproveitando-se do momento turbulento e da falta de informações da vacina, opositores do governo espalharam boatos que causaram pânico nos habitantes da cidade.

A população, revoltada por ver suas casas invadidas por agentes da saúde, rebelou-se e incendiou bondes, impedindo a circulação de pessoas no centro da cidade. O Exército foi chamado para reprimir e normalizar a situação.

Não foi feito nenhum esclarecimento sobre a importância da vacina ou da higiene. Numa sociedade onde as pessoas se vestiam cobrindo todo o corpo, mostrar os seus braços para tomar a vacina foi visto como "imoral".

Assim, a insatisfação da população contra o governo foi generalizada, desencadeando "A Revolta da Vacina".

Uma reflexão sobre o momento atual.

Estamos vivendo momentos difíceis com a Covid-19, na nossa sociedade. Sabemos que a ciência ainda não encontrou medicamentos e nem tão pouco vacina.

Sabemos que não temos uma vacina eficaz e não temos tratamento específico para tal doença, portanto se faz necessário tomarmos medidas de prevenção como: higiene das mãos, cuidados de distanciamento social e uso de máscaras.

É importante sempre ter informações de fontes confiáveis, evitando notícias falsas que só trazem pânico e confusão

Responda:

1. Na revolta da vacina no início do século XX, notamos que as notícias falsas geraram confusão e pânico na população. Como você percebe hoje a questão das notícias falsas, elas ainda acontecem? Explique.

2. Você percebe que a população está consciente da gravidade da Covid-19, a maioria está tomando os cuidados de prevenção citados no texto?

Comunicações

As comunicações entre as pessoas são realizadas através do contato físico ou do contato a distância. Uma ligação telefônica entre pessoas separadas por quilômetros de distância ou um contato virtual, o acesso à internet, são muito comuns atualmente.

Para concretizar tais contatos, há necessidade de investimentos em infraestrutura (suporte para fazer as coisas funcionarem), como acontece com os meios de transporte. Nos transportes por exemplo precisamos de estradas, mas para as comunicações de internet e telefonia, precisamos de cabos, fibras óticas, fios elétricos, satélites.

As telecomunicações

Atualmente, o avanço tecnológico na área de telecomunicações representa uma grande mudança no espaço geográfico. Empresas procuram instalar-se em regiões que possuam infraestrutura apropriada para esse setor; além de vias de transporte eficientes, disponibilidade de energia, entre outros fatores.

É muito difícil o funcionamento de um estabelecimento comercial, de uma indústria ou de uma prestadora de serviços sem uma linha telefônica que viabilize a comunicação e o funcionamento de internet.

Nos últimos anos houve uma grande expansão do setor de telecomunicações no Brasil, permitindo maior acessibilidade dos usuários a telefones fixos e móveis, assim como à internet.

Os aparelhos celulares passaram por grandes transformações. Hoje eles possuem inúmeras funções, até substituem os computadores. Novos aparelhos surgem e muitas pessoas acabam substituindo-os. E o que fazer com os antigos? O descarte deve ser feito de forma consciente, nos locais apropriados, beneficiando o meio ambiente. O lixo eletrônico mal reciclado pode causar danos graves a nossa saúde e à natureza.

Responda:

1. O uso de telefones celulares em sala de aula, antes da Pandemia era considerado inadequado. Como você percebe hoje o seu uso?
2. Você acredita que no futuro ele possa ser incorporado ao aprendizado e contribuir para deixar as aulas mais dinâmicas?
3. O que precisa ser mudado para permitir isso, o que você acha dos preços dos aparelhos? Temos internet para todos no país? Todos possuem conhecimentos e facilidade de uso?

PROFESSORA / MÓDULO 2

12/04/2021

- Reunião com a diretora escolar fazendo os ajustes necessários para a reunião com os auxiliares de classe. As orientações vieram ao encontro de novos conhecimentos no meu aspecto profissional no qual aprendi que ler um livro também é docência e que o momento será comigo/

auxiliares e alunos sincronicamente. Adiantou também que devemos cuidar dos auxiliares para que possamos realizar um trabalho que se estenda, pois, a prática ainda não temos e faremos a construção aos poucos. C.P. que havia solicitado junto a mim o trabalho, também se faz ciente das demandas narradas por ela.

- Reunião com os auxiliares, direção e C.P., para reorganizar a prática das leituras que assim será: auxiliares irão realizar sincronicamente a entrada das aulas comigo e quando houver necessidade irão me ajudar com leituras e outros, mas sempre acompanhados por mim, iremos ouvir as demandas dos pais e como fiz anteriormente levá-las até a C.P. para que seja resolvida, irei entrar sincronicamente com os auxiliares para desmarcar os encontros e remarcar todos conjuntamente comigo.
- HTPC- das 18h00/21h00
- Pauta encaminhada pela escola, a qual foi item por item desenrolada pela diretora, os professores foram atendidos nas suas necessidades. O acolhimento da direção foi muito agradável, quanto ao que se relacionava ao AEE, foi dito que haverá uma atuação mais próxima dos auxiliares/AEE/alunos.

13/04/2021

Aula aluna C./ com Auxiliar em educação

Foi de grande importância o momento com a aluna C. ganhou um livro de alfabetização do ministro da igreja onde frequenta, mostrou muita alegria, assim como relatou que está conseguindo ler algumas palavras. Camila assimilou muito bem sobre o tema Pandemia em outros tempos e ficou surpresa ao ver as máscaras que eram utilizadas em tempos atrás.

Aluno H.
A irmã estava utilizando o celular no momento para suas aulas e disse que H. estava dormindo.

Aluna P./ com Auxiliar em educação
Muito contente com a aula, disse que está com uma grande depressão e que está sem coragem para realizar as aulas. Fiquei a chamá-la semana que vem para saber como está.

Aluna R./ com Auxiliar em educação
GENTE QUE MARAVILHOSA!!!!!!!
R. leu a palavra RATO, após a explicação da febre bubônica, escrevi o nome dela e prontamente leu o próprio nome! Gratidão pela caixinha estar se abrindo.

Aluna Aline Denise/com auxiliar Paulo
Não respondeu ao chamado no próprio celular, sua educadora está de folga, suas aulas serão a cada 15 dias para acompanhar os dias de trabalho da educadora na república domiciliar.

Aluno Rodrigo auxiliar Sueli
Adorou a participação da aula, mostrei o vídeo do rato e ele ajudou a escrever as palavras RATO, LUA, NUVEM, BRISA, PAREDE E RATINHA. Silábico com valor na vogal.

Aluna Magali auxiliar Sueli
Participou da montagem das palavras assim como Rodrigo, sua irmã ajudou, mas ao intervir no som da vogal no final da sílaba, Magali responde silabicamente com valor na vogal.

Aluna Luciana auxiliar Sueli
Sabe dizer todas as letras que compõem a palavra se as mesmas forem colocadas foneticamente.

Aluna Arlete auxiliar Sueli

Atrasou para entrar na aula, estava almoçando, assistiu o vídeo mas disse que não entendeu nada. Sem os óculos e com dificuldade para ter atenção no celular, tive que passar o link do vídeo para que ela revisse com a cunhada.

Aluna Kelly com auxiliar Paulo

O pai não atendeu às ligações, depois retornou, conversei com ela sobre as figuras apresentadas: rato e pulga. Ela reconheceu o rato e depois cortou o assunto contando sobre o banho que gosta de tomar, água morna, estava frio não pode ficar doente. Encaminhei o link do vídeo para que o pai apresentasse para ela. Isso foi feito, o pai gravou a fala da Kelly dizendo que gostou do vídeo.

Aluno Anderson

Reunião com Silvanir, irmã do Anderson, para acordar o horário das aulas.

Aluno Felipe

Reunião com Fernanda irmã do Felipe para acordar o horário de aula.

14/04/2021

Retorno da C.P. a quanto as cópias das atividades propostas para os alunos, total de apostilas solicitadas 28, nomeando os alunos, os outros alunos ainda estão no processo de escrita, ou não apresentam necessidade da apostila. Estamos agora com 52 alunos matriculados.

Aluno Ryan seria a auxiliar Sueli, mas nem a chamei.
Não atendeu a chamada.

Aluna Gisele, apresentei as atividades para a aluna e a mesma mostrou muita sonolência, quase não interagiu com, demorando muito para responder às perguntas.

Aluna Luana

A mãe está com problema cardíaco e a aluna se afastou até que a mãe se recupere.

Aluna Mayara

Dá um grande estímulo sempre interage mesmo quando suas respostas não são corretas, ela está interessada e presta a atenção.

Aluna Naiane

Nossa como a escola faz falta para os alunos, Naiane fica muito feliz com a minha presença, interage com as intervenções e mostra muita sapiência cultural.

Aluno Gabriel

Não estava preparado para a aula, mas deu tempo, infelizmente a mãe dá muitas respostas para que o Gabriel responda corretamente, impedindo o erro e o acerto espontâneo, assim fica muito difícil de avaliar o conhecimento do aluno, a mãe também antecipa as minhas falas.

Paulo / aluno- com a A.T. Mariana, C.P. Cida.

Paulo ficou muito resistente para aceitar a nossa chegada, havia feito um combinado com a Mariana que sairiam após a aula para realizarem a compra do seu celular. Mariana nos contou que ele quebrou a sua rotina, não trazendo a sua mochila e sacola, das atividades. A funcionária da residência terapêutica entrou na chamada para nos contar que Paulo estava de roupa nova. A atitude do Paulo foi cheirar a Mariana por várias vezes, assim como ficar de lado comparado à posição do celular, mostrou que não queria nem ser apresentado para a C.P. Tendo todas as situações em vista, entendemos que sair para passear e comprar o celular era vastamente melhor que continuar na residência terapêutica. Assim nos despedimos.

Fiz chamada na lista de transmissão para solicitar aos pais a retirada dos materiais e uniformes na próxima sexta-feira, tendo a certeza de que a apostila estaria pronta.

Aluno Nathan com a auxiliar Sueli

Mandei mensagem para a mãe do Nathan lembrando da aula, por sua vez ela encaminhou uma fotografia e dois vídeos do Nathan na casa da praia. A fotografia mostrava Nathan entregando uma conchinha para o vizinho, um vídeo mostrou ele aprendendo a andar de bicicleta na areia da praia e por fim o segundo vídeo mostrou Nathan cantarolando a melodia de uma música. Todo o meu plano de aula foi modificado há tempo. Busquei a música cantada no aplicativo, peguei a letra da música e trabalhei três fatores importantíssimos:

- O vínculo, despertando o Nathan com a música que ele gosta;
- Retomar a comunicação que havíamos estabelecido; gostei de piscar ou colocar o polegar para cima apontando satisfação e o não com o movimento da cabeça;
- Introduzir as vogais para uma leitura controlada;
- Contar de um até vinte, recitando e contando o número de vezes que a vogal O, e a vogal A, surgiram na primeira estrofe, sabemos que o aluno só escreve garatujas.

Foi espetacular, ele até dançou durante a apresentação do clipe da música, riu da minha cara quando cantei, ficou vermelho de emoção.

Valeu muito ter mudado o plano de aula e ter focado no interesse do aluno.

Aluno Fábio com a auxiliar Sueli

Ele sabe muito, dá respostas coerentes, acrescentei algumas atitudes de higiene e cuidados quanto ao CORONAVÍRUS, pois o seu colega Vagner não estava, assim evitei passar para a próxima atividade da apostila, assim os dois irão caminhar juntos.

Aluno Vagner

Terá aula somente a cada quinze dias pois a educadora da casa lar está de folga a cada 15 dias e não tem como ele ter a comunicação via WhatsApp.

Aluno Anderson entrou pela primeira vez na aula, demonstrou muita satisfação, fez respostas coerentes quanto ao coronavírus e teve muita atenção. Foi excelente por ter sido a primeira aula.

Aluno Rodrigo

Tenho que prestar mais a atenção, chamo o pai do aluno com nome trocado, e ele me alertou sobre a minha falha, tenho problemas em memorizar nomes e datas de aniversário, assim sendo (VERGONHA mais uma de inúmeras ocorrências). Como o Rodrigo faz dupla com o Anderson, fiz uma revisão da atividade 1 e 2 da apostila, assim os alunos caminharam juntos nas atividades.

Aluno Marcelo

Foi sensacional!!!!! A vibração de alegria com a presença da Sueli é algo que sai do sorriso e se manifesta para todo o corpo. Quando o professor foi apresentado, outra onda perfeita de euforia. Fiquei muito satisfeita, poderia corrermos o risco do Marcelo não gostar do professor e aí.... Mas deu tudo muito certo,

Marcelo escreveu a palavra RATO, sem auxílio, leu a palavra RATO e indicou a vogal que estava a mais na palavra escrita para ser lida. Ficou criando coreografia com os braços ao ouvir a melodia da música que fazia que falava sobre os ratos. Professor que será o do ensino regular, interagiu com Marcelo, assim como a Sueli. Uma palavra? SENSACIONAL.

Aluno Willian, mandou várias mensagens dizendo que não quer mais participar das aulas, pedi para que ele chamasse a mãe para conversar, mas ela estava no banheiro, amanhã retornarei com a mãe para saber melhor o que está acontecendo, antes era o Fábio, justificativa inválida pois dizia que o Fábio gritava, coisa que não acontece, troquei ele de turma, novamente se negou, então irei conversar com a mãe e tirar ele das aulas síncronas.

15/04/2021

Fiz algumas atividades com o objetivo de manter o letramento dos alunos, as atividades serão colocadas em breve no drive para avaliação da C.P.

Reunião com a equipe do Rolando, professores, vice e PRD no período da manhã. Achei a proposta de fechamento do tema para o sábado letivo com a fala da Adriana, a qual havia dito que o período da tarde estava de acordo com o período da manhã. Professor Fabrício fez uma tempestade de ideias, a reunião ficou muito confusa, ninguém sabia de fato o que seria para fazer para o sábado letivo. Fiz uma intervenção sutil (brincando) quanto falar demais e não respeitar a mão suspensa para o pedido de fala. Tive que falar mais direcionado no momento em que percebi uma outra movimentação no chat. Solicitei que o grupo percebesse que o tema não havia sido discutido pelo grupo, qual seria o objetivo para do trabalho, e que se discutia um milhão de ideias sem fechar nada. Adriana pediu então que o professor Fabrício teria que colocar à disposição do grupo cinco vídeos para contemplar o sábado letivo com corpo em movimento. Conversado e exposto os trabalhos com o projeto ECO com o tema desenvolvimento sustentável e o projeto OBA, o grupo acordou com o tema.

Reunião com a professora Valdirene por WhatsApp sobre o aluno Leandro, a situação em que a mãe faz as queixas sobre as reações agressivas do Leandro. A mãe solicita uma reunião com a minha presença para que possamos dar encaminhamentos para a família e Leandro. Ficou marcado para após o meu horário de HTPC, junto ao Rolando.

HTPC período da tarde
A estratégia escolhida pelo grupo no período da tarde foi lançar quatro vídeos de adivinhar, assim como a finalização das atividades com alongamentos. O grupo foi sereno e rapidamente o tema foi elencado. Quanto ao Projeto ECO foi também aceito pelo grupo, a professora avança dizendo que a formação on-line, trilha digital. A gestão coloca algumas considerações sobre a reunião que houve entre as C.P.s com as chefias. Elogios para o Bruno e sua disposição para o trabalho. Adriana coloca sobre o lançamento de muitas ações no drive. Falas sobre o e-mail constitucional e vacina foram comentados e assim se encerrou a reunião.

Reunião com os pais do aluno Leandro, Luis e Gilda e professora Valdirene
A família vem com a queixa de que o aluno Leandro após não conseguir realizar as atividades postas no grupo da professora Val, acabou tendo uma crise muito grande de desespero e violência, apavorando os pais. Mãe comenta que Leandro tem a autoestima muito rebaixada, mania de dizer que todos fazendo deboche dele. Após a crise de muito chorar e dar "murros" no guarda-roupa, depois veio uma crise de depressão a qual a mãe

diz que medicou o filho. Gilda diz que ouve o momento em que ele está com a psicóloga e que não há diálogo e sim respostas para as perguntas da psicóloga. Gilda comenta também que Leandro fez as atividades com a psicóloga e que não valida as informações porque o aluno não pensou para responder. Mãe diz também que Leandro fica procurando amizades pela internet e que os chama de amigos e que também é seguidor de artistas. Seu maior desejo é ser ator. O pai diz que quer o melhor para o filho e que Leandro adora ficar com os pais. A Professora Val pede desculpas para a família por não ter feito de outra maneira as atividades e que pensará diferentemente. Assumo o aluno para que tenha atividades comigo sincronicamente e solicito aos familiares que acompanhem a minha aula, e prestem a atenção quanto a satisfação do Leandro. Quinze minutos depois, retornei a ligação, dando a primeira aula sobre o coronavírus, e perguntei se ele gostou e se quer continuar com tempo atividades comigo, e se gostaria que o momento fosse sozinho ou em grupo. Sua resposta foi que gostaria que fosse em grupo. Mãe também comentou que Leandro fez ligações para os alunos do primeiro grupo montado pela professora e que ela não gostou. Após a aula, ficamos combinados de nos reencontrar na próxima quarta-feira no grupo para a continuidade das atividades. Trabalhei até às 19h00

Recebi a notícia pela gestão, que a reunião com os diretores das escolas em que trabalho, marcada para o dia 19/04 às 14h30, eu havia sido dispensada pelo funcionário Edson que desenvolve a função de psicólogo junto a equipe de orientação técnica. Primeiramente fui grata pelo comunicado, mas perplexa pela atitude, como pessoas "estranhas" ao meu trabalho pode decidir se posso ou não participar de uma reunião que só diz respeito ao meu trabalho e a minha pessoa. Sinto muito a hierarquia preconceituosa que vaga pela equipe de orientação técnica a qual nunca saberá de fato qual papel cada um deve desempenhar. Nunca ouvi dizer que a distribuição de professor/aluno para o AEE se dava desta forma.

16/04/2020

Aluna Thaynara e auxiliar Sueli

Primeiro momento com a aluna Thaynara. Ao iniciar a aula para comentar sobre pandemias, palavra a qual a aluna não sabia o significado, parei na demonstração do rato e da pulga, pois a partir daí haveria a fala sobre a febre bubônica. A minha aula ficou pontuando a Europa sem saneamento básico e com a falta do recolhimento do lixo, causando moradias e alimentos para ratos, pontuando as comunidades que temos dentro do município de São Bernardo. Não foi difícil fazer a aluna comparar onde mora com o cheiro insuportável do esgoto e das moradias infestadas de ratos. Fiquei muito contente pela percepção, assim pude indicar a necessidade da limpeza das moradias.

Aluna Ana Karolina com auxiliar Renata e professora Mirian

Ao realizar as intervenções quanto às doenças provocadas pelos ratos, Karol não realizou a resposta coerente ao assunto, fazendo com que a mãe com um tom de voz de surpresa, comentasse a resposta correta. Irei retornar à atividade.

Aluna Josilene

Sua madrasta não atendia as ligações, tive que ligar para o pai e pedir para que ele fizesse a sua esposa atender o telefone. A mesmo o fez, Josi estava sentada na cama sozinha brincando com bonecas, conversei com ela, mas durante a minha fala, sua madrasta sem dizer nada retirou o celular das mãos da Josi e me disse que iria para a feira, pedi então que retornasse o telefone para a Josi, ao menos para que me despedisse. Com ar de contrariedade a mesma fez o que pedi.

Aluna Kátia com auxiliar Renata e professora Mirian

Já estava com a apostila e desta forma foi muito mais fácil o acompanhamento da aluna sobre as imagens e a compreensão sobre o tema se estabelece com as respostas corretas nos momentos de intervenção. Kátia ficou muito feliz com a aula do dia!

Aluno Marlon com auxiliar Renata e professora Mirian

Marlon interagiu muito bem com o conteúdo que trabalhei, a sua mãe Mirtes, muito alegre também interage, dando respostas engraçadas.

Reunião de APM e Conselho de Escola

Por fazer parte dos dois colegiados, participei das duas reuniões.

Aluna Romilda auxiliares Paulo e Renata

Consegui conexão com a aluna, mas caiu várias vezes e depois não consegui mais fazer com que ela atendesse o telefone.

Aluna Maria Luísa auxiliares Paulo e Renata

Momentos antes da aula, o irmão da Maria Luísa mandou duas mensagens para saber se haveria aula, respondi que sim, ele ligou muito nervoso dizendo que a sua mãe estava brigando com ele sobre a aula. Respondi que faltavam dez minutos para começar e que estava me organizando. Durante a aula tudo correu bem. Maria Luísa ainda nada recebeu nem mesmo ligações da professora do ensino regular.

Aluno Felipe com os auxiliares Paulo e Sueli

Felipe aluno cego, ao ouvir a minha voz, imediatamente se lembrou e comentou a última lição que havia tido comigo, a áudio descrição do quadro de Aldemir Martins, O GATO AZUL, e ainda comenta que depois eu me despedi para entrar em férias. Hoje trabalhamos o toque no próprio corpo, mostrei onde fica as costelas que guardam o coração e pulmões, local onde o coronavírus mais contamina as pessoas, expliquei também sobre a necessidade de intubação, palavra recorrente nos meios de comunicação. Falei de mangueira de lavar quintal para que o aluno abstraísse o cano que entra até os pulmões, ele não entendeu, mas com a ajuda da Sueli, ela disse:- Mangueirinha de chuveiro, imediatamente o aluno entendeu. Foi excelente a aula.

Aluno Willian Vigilato não atendeu a ligação

A aluna Anaiama não atendeu a ligação.

PROFESSORA ESPECIALISTA
ATENDIMENTO EDUCACIONAL ESPECIALIZADO

Nesta semana pude sentir um clima bem diferente por parte da maioria da turma. O sentimento de tristeza e preocupação nitidamente maior... Iniciei como de costume, cumprimentando a todos e desejando uma boa semana, em meio a esse clima de tantas incertezas... busco na literatura, textos e poemas, que promovam incentivo, coragem, bom ânimo, esperança etc. Faço a opção por vídeos ou áudios curtos, com intuito de chegar a todos por conta do acesso restrito a internet. Aqui um breve parêntese, também estou passando por oscilações de acesso, além dos períodos de bloqueio, sem ter para onde correr.

Observei que o diálogo no grupo, foi aos poucos diminuindo. Então, os procurei no particular, notei que as dificuldades estão maiores com queixas de toda natureza: cansaço do trabalho excessivo, problemas de relacionamentos pessoais e/ou familiares, de saúde, o acúmulo de tarefas domiciliares e em especial os problemas financeiros, entre outros. Aqui vão alguns relatos:

Marta relatou: "prô desculpe, estou sem "cabeça" não consigo pensar em outra coisa." Me dispus a ajudar, em algo que pudesse. Ela agradeceu.

"Eu não passei bem professora, faz dias que não durmo, estou com dores...Na UBS me receberam de um jeito bruto, disseram que eu não deveria estar ali, que sou do grupo de risco..." Comentou Rose, queixando de fortes dores no braço. Então, orientei-a a procurar a UPA e explicar toda a situação. No dia seguinte ela me comunicou que foi bem atendida, medicada, e que médica diagnosticou como tensão psicológica intensa, que já se sentia melhor e estava fazendo as atividades. Sempre muito atenta a tudo que proponho.

Silvana, está trabalhando em dias alternados, e quando parece trabalho extra, ela vai. Demorou mais de uma semana para retomar o contato com ela, que me contou: "Sabe professora a situação já tá tão difícil ainda roubaram o meu celular, eu tô trabalhando nas folgas porque o dinheiro é pouco..."

Parte das boas notícias e surpresas da semana:

Silvana e Maria de Lourdes ambas do programa de renda, são alunas do módulo 2, por necessidade de adequação e entendimento dos conteúdos, tenho proposto tarefas diferenciadas. Propus a interpretação de uma charge, onde aparecem personagens em diversos locais de trabalho. Em cada quadro falam trechos da frase: Eu acho que a gente tem que ficar em casa também. Enquanto ao lado de um morador em situação de rua, aparece: Não tem? Quando solicitei a elas que fizessem a leitura das imagens, Maria de Lourdes respondeu: "Professora tem uma coisa que eu não entendo, por que eles falam para a gente ficar em casa, e se cuidar! Sendo que eu vejo na TV um monte de pessoas dentro do metrô e nos pontos de ônibus, todo mundo junto e é monte de gente, então não é hora de fazer essa tal de quarentena?!" Respondi: muito bem, Maria! Você está certa tem muita gente trabalhando... ela teve logo uma jogada de mestre, com significativa interpretação para além do esperado, isso porque sempre usa o jargão: "Mas professora, não tô entendendo nada..." dentro da sua perspectiva e simplicidade, Maria sempre me surpreende!

Hoje a tarde após quase um mês, consegui manter contato por telefone fixo com o Carlos e o Alcides. Fiquei feliz e aliviada ao saber que estão bem de saúde, apesar de estarem trabalhando todos os dias, e que na medida do possível realizam as atividades impressas, aos poucos, ainda que com dificuldades. Expliquei que minha maior preocupação era saber como estavam de saúde e que podiam fazer as atividades com tranquilidade...

Carlos é segurança na UPA e está trabalhando sem folgas. Quando questionei o motivo ele respondeu: "É que um colega do trabalho pegou a Covid-19 e não tem ninguém para ficar no lugar, eu que tô cobrindo..."

Alcides comentou que pediu para a chefia que o deixasse no posto de trabalho, pois não gosta de ficar sem trabalhar. Aproveitando o assunto comentou: "Ah eu não gosto de ficar parado, já trato de depressão... assisto pouco a TV, eles ficam exagerando sobre esse vírus, parece que agora ninguém mais morre de outras doenças, só falam que morreu de CORONAVÍRUS... Não acredito nisso não!" Expliquei que infelizmente é verdade o que passa na TV sobre a quantidade de mortos por causa do Covid-19, e que se somam as outras pessoas com os problemas que já tinham antes...

Por fim Lubia, que sempre me alegra, sendo uma aluna muito esforçada, que tem desejo de ser Auxiliar de creche, me comunicou: "Professora está difícil dar conta de tudo, estou trabalhando dia sim, dia não... você sabe tenho a bebê pequena, mas já consegui ler dois livros, *O segredo do violinista* e *Helena de Tróia*, daqueles cinco que eu ganhei... e tô aqui oh, eu amo estudar!". Assim, finalizou enviando uma foto com o caderno sobre a mesa, estampando seu rosto num belo sorriso.

Deixo também aqui minhas inquietações, em tempos de isolamento social, vida pessoal e trabalho...

Entre horas de aflição e tormentas revoltas tempestades, aos poucos se vão trazendo um sopro de esperança...

Então ao longe a calmaria e o Sol aparecem novamente, com seu radiante brilho, sua luz e se une ao frescor dos bons ventos, nos presenteia, nos guia... rumo ao horizonte das oportunas e únicas vivências que certamente ficarão na memória dos tantos passageiros."

PROFESSORA MÓDULO 2

A gestão escolar nos encaminhou uma devolutiva dos diários de bordo de tod@s da escola.

Foi muito interessante ler e observar como cada docente tem tentado se aproximar, pensar atividades para suas turmas, bem como as dificuldades e angústias. Tudo isso fica claro quando parte da devolutiva é fiel ao colocar alguns trechos dos diários das professoras e professores da escola. A devolutiva foi muito bem escrita e sensível.

Nos foi envido também um relatório dos encaminhamentos grupo de plantão estão organizando: a entrega do cartão merenda que foi dia 01/05; a devolutiva do diário de bordo: a funcionalidade da plataforma; organização de atividades para serem enviadas para copias e retiradas d@s educand@s; o blog da escola que está sendo alimentado com as atividades propostas; e os encaminhamentos gerais às nossas solicitações.

Leitura da rede 109/2020 - ampliação do prazo de entrega das tarefas e cursos até 08/05

Falei com os alunos via WhatsApp (grupo e linha de transmissão) que dia 05/05 amanhã seria postada atividade.

Fiz uma chamada de vídeo com a Professora Mirian e pensamos mais 3 tarefas que seriam enviadas a@s alun@s

Postei a nova tarefa: Pesquisa no Google sobre a reforma Trabalhista ocorrida em 11/11/2017. Comparar com a CLT anterior os seguintes pontos: Tipos de contrato de trabalho/ fruição de férias /recebimento de decimo terceiro/ horário de almoço/ insalubridade para grávidas/ jornada de trabalho e formas de remuneração.

Leitura da rede 114/2020 - Prorrogação do prazo de realização da tarefa da aula 1 plataforma AVAMEC.

Alguns educand@s, mais especificamente oito fizeram a atividade, como sempre, escrevem no caderno, tiraram fotos e enviaram. Li todos e procurei dar retorno individual.

Leitura da rede 116/202 – Entrega de documentos para Promoção vertical e progressão horizontal.

Falei com individualmente com mais 5 educand@s que enviaram a tarefa.

A aluna Isabela, fez contato e disse que está com Covid, assim como três de seus amigos que moram na mesma rua no Bairro. Conversas muito e vou fazer contato individual nos próximos dias.

Recebemos via e-mail da escola, informe sobre o uso obrigatório de máscaras.

Leitura DE COMUNICADO – disponibilização das aulas Integrando Conhecimento referente ao HTPC da semana de 25 a 29 de maio será disponibilizada de 26/05 até 01/06

Hoje outr@s 7 alunos enviaram a tarefa. No Total 20 retornos. Considero um número positivo perto das primeiras atividades que estavam entre oito e nove alun@s as realizando. Contudo são 35 educand@s e especialmente Verá e Kerexu (aldeia indígena) não fazem contato com os números disponíveis.

Falei com os alunos e procurei dar retorno individual e coletivo no grupo sobre as tarefas já realizadas, fiz um áudio procurando dar conexão e continuidade nas propostas enviadas e propus novas reflexões sem necessidade e enviarem por escrito

Atividade on-line de HTPC na plataforma Classroom: Planejamento de atividades para reprografia e posterior retirada d@s educandos.

Quanto a essa tarefa fiz alguns apontamentos quanto a necessidade de isolamento social, e toda uma estrutura e pessoas que são mobilizados para que isso ocorra, desde a reprografia, gestão, oficiais e inspetores de alunos e toda mobilidade de milhares de famílias da rede municipal que se deslocam de suas casas para retirar tarefas xerocadas nas unidades escolares. Parece estar na contramão das recomendações da própria prefeitura que passa com carros de som pedindo para a população ficar em casa.

Falei com os alunos via WhatsApp (grupo e linha de transmissão) que dia 12/05 amanhã seria postada atividade e também postei no grupo dados oficiais de São Bernardo do Campo sobre números de contaminados e morte por bairro.

@s educand@s que puderam responder neste dia relataram casos de mortes de pessoas no bairro, vizinhos com suspeita e outros casos confirmados de contaminação. Conversamos sobre a subnotificação dos casos, foi uma conversa bastante proveitosa e angustiante.

Falei com Isabela, todos os dias, teve picos de melhora e piora, contudo, não teve falta de ar.

Leitura DE COMUNICADO – orientações sobre suspeita ou sintomas de Covid-19 por parte dos servidores municipais.

Leitura da rede 129/2020 sobre novo prazo e forma de entrega de certificados.

Postagem de tarefa a@s alun@s (adaptação do manual "TÔ NO RUMO"

Bom dia. Tarefa da semana!!!

Segue abaixo 4 teses ou argumentos que se tem a respeito do mundo do trabalho e os motivos do desemprego.

a) Leia com atenção cada uma delas:

1. o desemprego é causado pela baixa escolaridade da população;

2. o problema é o excesso dos encargos sociais e encargos trabalhistas;

3. somente os acomodados sofrem com o desemprego. A responsabilidade de conseguir trabalho e das próprias pessoas:

4. o desemprego é causado pelo modelo de desenvolvimento capitalista, que busca o lucro em primeiro lugar.

b) Escreva se você concorda, discorda ou se concorda parcialmente e explique o motivo.

c) Após responder sobre as teses acima, pesquise no Google, dados do IBGE do primeiro trimestre de 2020, sobre as taxas de desemprego no Brasil.

Recebimento de e-mail da Plataforma AVAMEC sobre validação do curso recursos digitais.

Em função das nossas leituras e conversas anteriores enviei para apreciação uma poesia sobre os pós escravidão uma vez que hoje é dia 13 de maio.

[08:27, 13/05/2020] Wal Rodrigues: Bom dia!!

Meninas e meninos, ontem foi dia 13 de maio, em 1988, foi assinada a abolição da escravatura.

Um projeto que "libertava" as pessoas escravizadas, porém não lhe asseguraram nada que pudesse prover sua vida e sustento.

Hoje segue uma poesia para pensarmos o que foi e como está sendo os dias depois de 13 de maio de 1888 até hoje.

Amanheceu o dia
E o que se vê é a ressaca da alegria
Da euforia de ontem
Cinzas do Carnaval
Fora de época.
Salve a princesa!
Viva Isabel!
E a partir de agora
Com o fim da escravidão
Todos estão felizes...
Não há mais preconceito
Nem discriminação
Racismo nem pensar!
A liberdade religiosa,
O culto aos orixás, nossos ancestrais,
Agora é permitido e respeitado.
As mulheres estão em festa
Pois findaram os abusos e estupros
E não haverá mais mulatos bastardos!
Como somos todos iguais
E temos os mesmos direitos,
Enfim reina a paz
E a justiça
Na nossa Nação
Só que não!
Você e eu sabemos disso...
Somos negros, mestiços, indígenas,
Nordestinos, mulheres, gays,

Periféricos, marginais, favelados,

Suburbanos, sem-teto, sem-terra...

Já nascemos em desvantagem...

Crescemos em desvantagem...

Estudamos em desvantagem...

Estamos em desvantagem...

E o que fazer?

Vai sentar e chorar?

Dizer que é assim mesmo?

E que sempre foi assim?

Correr atrás

E ir à luta?

Salve a princesa?

Viva Isabel?

Salve Zumbi!

Viva Dandara!

Salve a mulher brasileira

Leitura DO COMUNICADO: Certificados disponíveis no Portal.

Recebi e comecei a dar devolutivas individuais, via áudio, sinto que a discussão ficou prejudicado por não ser em grupo e podermos juntar com os dados do IBGE e relacionarmos as informações com as pessoas desempregadas, em empregos precários, carteira assinada e da vivência familiar e do bairro.

Continuei recebendo as tarefas a dar devolutivas individuais, via áudio, sinto que a discussão ficou prejudicado por não ser em grupo e podermos juntar com os dados do IBGE e relacionarmos as informações com a as pessoas desempregadas, em empregos precários, carteira assinada e da vivência familiar e do bairro.

Recebimento da tarefa HTPC on-line: Leitura deleite "É bem verdade...", Socialização de um trabalho com Jornal Comunitário e pensarmos sobre a possibilidade de criar canais de comunicação similar, registrar sugestões e enviar.

Avisei a turma que amanhã será postada atividade.

A gestão enviou a devolutiva dos diários de bordo: A gestão socializou os registros dos professores, uma vez que muit@s alun@s relataram estar com a doença, seus familiares e até perdas com morte de Covid-19. A gestão resgata algumas reflexões para que nos pautem como proposta de trabalho e no contato com @s educand@s.

Recebi solicitação para que autorizar uso de caracterização e quadro para a próxima tarefa da formação. Autorizei.

Atividade:

Bom dia. SEGUE TAREFA.

Vocês vão trabalhar para a Prefeitura do Município de São Bernardo do campo.

Hoje vocês deverão entrar no site oficial da cidade, conhecer o seu conteúdo, quais serviços estão disponíveis aos munícipes.

Após olhar o site com atenção, no final há uma lista de Secretarias Municipais.

Essas Secretarias são organizadas em vários setores.

São nestes setores que vocês irão fazer estágio.

- Administração municipal.

Leitura DE COMUNICADO – Antecipação de feriados

Atendi educand@s recebendo e dando retorno da tarefa da semana.

Leitura DE COMUNICADO – Novos prazos e cursos na plataforma.

Atendi educand@s recebendo e dando retorno da tarefa da semana.

A gestão escolar enviou orientações para a semana: HTPC on-line suspenso do dia 25/05 motivo feriado antecipado; HTPC AVAMEC corresponde a 01/06; distribuição de atividades xerocadas dia 27/05 e orientações gerais.

Avisei a turma sobre envio de tarefa amanhã dia 27/05

Envio de atividade:
Bom dia! Segue Tarefa

O tema ÉTICA é muito importante na esfera pessoal e profissional.

Vamos conhecer um pouco mais sobre esse tema.

Assista ao vídeo com atenção e escreva com suas palavras: "Por que é importante a ética profissional?"

Segue link do vídeo suporte da atividade compartilhado com os educand@s

Rede 148/2020: Prêmio Educador nota 10

Atendi educand@s recebendo e dando retorno da tarefa da semana.

Recado urgente da escola – Entrega de lista de alunos que não estão realizando as tarefas enviadas de maneira virtual (enviei lista incorreta), não consegui corrigir a tempo.

Atendi educand@s recebendo e dando retorno da tarefa da semana.

PROFESSORA - TURMA 53

Recentemente o mundo se deparou com um problema bem complexo, o coronavírus, que se espalhou rapidamente, e chegou ao Brasil. A quarentena foi uma das estratégias adotadas na tentativa de conter o vírus.

Uma das consequências se resvalou na Educação, tivemos que adotar temporariamente o sistema de ensino a distância.

É um desafio novo, eu particularmente não acredito no formato EaD, mas neste momento na minha opinião, era o que poderia ser feito, não é o ideal, mas o possível.

Como Professor de Ed. Física é muito difícil imaginar aulas sem o movimento e interação social. A nossa disciplina é dinâmica, ela precisa do barulho, da discussão, debate, vivências e experiências práticas (e teóricas), bem como do relacionamento entre os educandos. Mas entendo a gravidade da situação e que é algo provisório.

Nesse momento priorizei os temas relativos à saúde, que são conteúdo da Ed. Física e também se relacionam com os dias (e necessidades) atuais.

PROFESSOR - EDUCAÇÃO FÍSICA

Acompanhamento pedagógico

Estamos vivendo um mar ou um maremoto?

*Iniciamos a semana com a frase do professor que ilustra poeticamente esse momento que estamos vivendo. Na educação, nos vimos nestes últimos dias bombardeados por inúmeros debates que colocaram a EaD em pauta como forma de continuidade dos processos de ensino-aprendizagem (?). Ao tratar esta temática no HTPC on-line de 27 de abril de 2020, sentimos de forma clara o que distingue a **técnica**, da **estética** e da **ética** dentro dessa forma de fazer a escola de maneira remota.*

Para nós que bebemos do currículo crítico-libertador, que tem seus alicerces em Paulo Freire, render-se a esta situação tão pouco dialógica é no mínimo, nada significativa...

Que consigamos então, tirar de cada uma destas orientações mecanizadas, a técnica que melhor agrega a nossa estética e nossa ética na realização do nosso fazer educativo.

Como nos pontuou outro professor:

"Olá colegas!

Analisando o material disponibilizado para leitura e o vídeo, chego a algumas conclusões:

Creio que a experiência que estamos vivendo, não seja propriamente um método EaD.

Tenho convivido com esse método de aprendizado há 8 anos e é clara a diferença, pois EaD tem suas peculiaridades e serve um público especifico, bem diferente do nosso.

Nossa experiência, é uma forma remota de ensino, onde o professor conhece seus alunos, conviveu com eles no dia a dia na escola ao longo de um bom tempo, sabe das dificuldades de cada um deles.

Por outro lado o nosso público é formado de pessoas que não estudaram no tempo adequado, jovens, adultos, idosos e pessoas especiais e na grande maioria pessoas pobres e em situação de vulnerabilidade. (Grande diversidade)

O desafio está em fazer valer a prerrogativa de todos; O direito ao acesso à construção de conhecimento de forma equitativa, o que ao meu ver é muito difícil na atual conjuntura.

O grande desafio será, fazer chegar ao máximo de educandos, as ações educativas coerentes com o currículo apropriado.

Para que isso ocorra da forma mais abrangente possível, é preciso: comprometimento, foco, ajuda mútua, humildade e muito amor no que fazemos.

Isso vai passar..."

Daremos a atividade de HPTC desta semana o caráter de planejamento. Com a abertura do fluxo de reprografia, solicitamos que vocês professores organizem os materiais que pretendem encaminhar para que sejam feitas cópias <u>a serem disponibilizadas àqueles alunos que não tiverem outra forma de acesso às atividades</u>.

Para tanto seguem algumas orientações importantes:

1. Atentar para a qualidade estética/visual, direitos autorais. Citar fontes, cuidar da digitação e tamanhos de letras;

2. Pensar em um quantitativo de atividades que possam perdurar de 15 a 20 dias, diminuindo assim a quantidade de visitas do aluno à escola;

3. Evitar que as atividades tenham grandes espaços em branco para a resolução de exercícios, orientando-os para o uso do caderno, cuidar de figuras que possam não configurar em outros computadores e ilustrações com pouco nitidez;

4. Os arquivos deverão ser em pdf, preferencialmente em pasta única;

5. As cópias, depois de validadas pela escola, pela OP e pela Chefia, serão executadas pelo setor de Xerox da Secretaria de Educação e, por assim ser elas serão realizadas de forma automática (de máquina para máquina), não havendo possibilidades de formatação e correções dos arquivos. As folhas serão reproduzidas em frente e verso, devendo ser evitadas atividades de recorte ou aquelas que comprometem o original das folhas;

6. Solicitamos quem as atividades sejam enviadas até a próxima quinta-feira para que o encaminhamento do fluxo seja realizado de uma única vez, de forma a otimizar o trabalho;

7. O tempo previsto de para que as cópias estejam finalizadas para que sejam então retiradas na SE é de 48 horas após a entrada do material no setor de cópias. Pedimos que aguarde a confirmação do trabalho pronto para que indiquem aos alunos a possibilidade de retirada.

Certas da compreensão de todos e todas, desejamos uma boa jornada para nós!

Portfólio
PROFESSORA ANDRÉIA
MÓDULO 2 - (MANHÃ)

Data de preenchimento: 30/06/2020
Indique 3 atividades diagnósticas realizadas até dia 20/03/2020.

Atividades diagnósticas realizadas

- Roda de conversa com temas relacionados a Ciência (humanas e da natureza), como saúde, meio ambiente e ação do homem na cidade em que moramos.
- Sondagem de matemática com cálculos, situações problemas, gráficos e tabelas.
- Atividade com cálculos de adição, subtração, multiplicação e divisão.

Objetivo: identificar a realidade da turma, o que já trazem em sua vivência,

Dificuldades gerais da sala e específicas de cada aluno para propor ações de aprendizagem.

Indique 4 atividades de compensação com os respectivos objetivos de aprendizagem.

- O que é o coronavírus e como se prevenir texto informativo.
- **Objetivo:** Contextualizar o Covid-19, suas características modo de prevenção e transmissão.
- Fazer vídeo ou áudio descrevendo o que está sentindo neste momento de isolamento social.
- **Objetivo**: Saber como os alunos estão emocionalmente neste momento.
- Atividade de matemática cálculos e situações problemas contextualizados. **Objetivo:** Resolver situações problemas utilizando estratégias próprias.
- Atividade sobre medidas de tempo.
- **Objetivo:** ler e registrar medidas de tempo relacionadas ao seu cotidiano.

Apontar trabalho de final de módulo

- Gravar um vídeo mostrando como está se prevenindo da Covid-19 e fazer um relato.
- Pesquisar dados sobre doença em nosso município.

"A alegria não chega apenas no encontro do achado, mas faz parte do processo da busca. E ensinar e aprender não pode dar-se fora da procura, fora da boniteza e da alegria."

Paulo Freire

De um jeito meio estranho, terminamos o semestre. O que parecia inimaginável agora já é feito.

De repente estávamos sem alunos, sem sala de aula, sem o cotidiano de nosso trabalho pedagógico. Não menos de repente portfólios, pré-conselhos, avaliações e ata final!

Não, nada voltou ao como era antes..., contudo, o compromisso com o educando e com a educação pública foi mantido, talvez não com a qualidade que queríamos, mas certamente com a responsabilidade que nos move frente ao direito à educação para todos e todas e para cada um.

Minha admiração, meu orgulho, minha gratidão a esta equipe escolar: professores, parceiras de gestão, funcionários que bravamente desempenharam seus papéis.

Parabéns a esta equipe pelo atendimento a todo nosso público, quer tenha sido ele remoto ou presencial. E a cada um de vocês o meu muito obrigado!

Que venha um segundo semestre!

Para finalizarmos as demandas, que são da ordem do administrativo, temos por parte da SE as seguintes orientações:

- Para organização do sistema operacional de matrículas o primeiro semestre finaliza em 30/07.
- No período de 31/07 e 06/08, teremos um período para organização da documentação (caderneta de chamada, atas finais e fichas de rendimento).
- Para o PREENCHIMENTO DA CADERNETA DE CHAMADA, temos que:
  - No campo "Frequência dos alunos" colocar todos os dias letivos de acordo com o calendário anual enviado para a Secretaria de Educação e incluir os dias que seriam recesso em julho. (Calendário letivo de 2020 segue em anexo)

- De 05 de fevereiro a 19 de março foi o período das aulas presenciais - registrar presenças e ausências normalmente.
- Para este registro, mandaremos até o final deste dia, por WhatsApp, fotos das páginas correspondentes dos diários físicos.
- De 20 de março até 31 de março: passar um traço e registrar - a compensar, de acordo com a Resolução 10/2020.
- De 01 de abril até 12 de abril: registrar Recesso Escolar, de acordo com a Resolução 10/2020.
- De 06 de abril a 13 de abril – Colocar na observação: Os alunos tiveram acesso às Atividades Complementares, organizadas pela Secretaria de Educação, disponibilizadas no Portal da Educação. Neste período as atividades não foram caracterizadas como reposição em virtude do período de recesso escolar, de acordo com a Resolução 10/2020.
- De 14 de abril até 30 de julho: passar um traço nos campos de presença diária e colocar no campo de observação: "Aulas não presenciais no período que se estende de 14 de abril a 30 de julho de 2020", conforme Parecer CME 13/2020 e Resolução SE 20/2020. Cômputo da frequência a partir da realização das atividades não presenciais propostas.

E então:

- **Alunos considerados frequentes**: aqueles que realizaram as atividades não presenciais mantendo contato com a escola.

- **Alunos considerados não frequentes**: aqueles que mantiveram algum tipo de contato com a escola, mas não realizaram nenhuma atividade.
- **Alunos que não realizaram as atividades** e perderam totalmente o vínculo com a escola durante o período não presencial, após todas as tentativas de contato possíveis, considerar como "abandono".

> Sugestão de texto para observação na Caderneta de Chamada em caso de abandono:
>
> Os alunos [listar o nome do(s) aluno(s)] foram considerados como "abandono", considerando que não participaram das atividades pedagógicas não presenciais propostas pela escola, disponibilizadas pelo (citar os meios disponibilizados pela escola, por exemplo: blog, WhatsApp...) e nem por meio da oferta das atividades impressas.

Indica-se rematrícula a todos os/os alunos/os, exceto, os que foram considerados aprovados para o Ensino Médio.

Orienta-se a entrar em contato com os/as alunos/as que foram considerados "abandono", consultando sobre a possibilidade de rematrícula.

O procedimento da frequência para o próximo semestre dá-se da mesma forma, com atividades pedagógicas de forma não presencial até as próximas orientações do calendário.

Para o segundo semestre haverá abertura de nova caderneta.

Este será um documento preenchido de forma digital, não sendo possível outra forma de realizá-lo.

Faço aqui um chamamento para o cuidado quanto ao lançamento da situação de "abandono". Faremos isso somente para aqueles casos que realmente não temos notícias sobre o aluno, pois a formação das novas turmas deverá ter um número mínimo de matrículas, número este que ainda não foi apontado pela SE. Enviaremos, também por WhatsApp, o nome dos alunos que foram considerados "abandono" após a verificação da ATA de Conselho Final, solicitamos que observem estes dados.

Haverá edital de chamamento de matrículas para novos alunos neste segundo semestre, no Notícias de Município, como já ocorria nos anos anteriores. Inscrições já estão abertas!

- *Com o encerramento das Cadernetas de Chamada, concluímos as ATAS FINAIS, para a EJA. Ambos os documentos deverão ser encaminhados para a escola, via e-mail, impreterivelmente até 07/08, para que possamos lançar no sistema no prazo correto.*
- *E então as Fichas de Rendimento deverão ser realizadas, para isso temos até 19/08.*
- *O segundo semestre terá início em 10/08, segundo orientações da SE. Peço que aguardem a lista de alunos a ser enviada pela escola para a abertura da nova caderneta.*
- *Para as turmas de estágio não há a necessidade do preenchimento da Caderneta de Chamada digital.*
- *Devemos orientar para que os educandos e educandas procurem a escola, quando oportuno for, e assinem sua rematrícula. Pode ser na busca de atividades ou quando estiverem próximos à escola. No caso dos idosos, deficientes e morbidades, isso poderá ser feito por quem o representa.*

No período de 31/07 a 06/08, orientamos para que cuidem do vínculo e da motivação para o início do segundo semestre. Não se trata de um período de "férias", então podemos indicar leituras, revisões e até mesmo atividades diagnósticas. Para a EJA I, já é possível retirar a Apostila II da Frida Kahlo.

> Já foi apontado pela OP que haverá a realização da CARACTE-RIZAÇÃO neste segundo semestre, considerando os aspectos da pandemia. Bem como, a prática e registro do portfólio, do pré-conselho e das autoavaliações e avaliações de aprendizagem também acontecerão novamente ao final do semestre.
>
> - Informamos que todos os documentos estão dispensados de assinatura. Estas serão colhidas quando estivermos presencialmente atuando.
>
> Sugerimos um encontro virtual na noite de segunda-feira, dia 03/08, o que acham? Confirmem pelo WhatsApp, por favor...
> Por hora é isso...
> Abraços
> Equipe Gestora

> *"Há um tempo em que é preciso abandonar as roupas usadas, que já tem a forma do nosso corpo, e esquecer os nossos caminhos, que nos levam sempre aos mesmos lugares."*
> Autor desconhecido

Boa semana para todos nós...

Hoje iniciamos no SED o segundo semestre letivo de 2020. Digo no SED, porque não houve parada, estivemos e continuamos conectados aos nossos educandos em tempo permanente...

Estamos em processo de rematrículas e a lista acima é dos educandos que já procuraram a escola para esta ação. É importante que continuemos a motivá-los para tal. Realizamos, na medida do possível, divulgação de novas matrículas com distribuição de panfletos pelo comércio bairro, na EMEB do fundamental e conversando com os alunos que tem vindo fazer rematrícula para que nos auxilie na busca de novos colegas, porém a procura é quase nula... ☹.

De qualquer forma, continuemos com nosso trabalho de formiguinhas.

Como temos matrículas até 28/08, segundo o edital, apenas depois desta data é que serão geradas as **listas de nomes oficiais por turma**, ok! Até lá peço que continuem o vínculo com seus alunos, mesmo que tenham sido promovidos ou solicitaram mudança de período.

Para esta semana, junto aos alunos ficam as atividades de acolhimento, diagnóstico e motivação.

Penso que já de conhecimento de todos que temos de volta a secretária de educação. Tive uma reunião com ela na semana passada e seu discurso assertivo veio no sentido de sistematizar e validar as ações desenvolvidas pelas escolas nesse tempo de pandemia. Para isso está previsto para 14 de agosto um novo Documento Orientador com as demandas para este semestre.

A fala da secretária, em relação a uma possível volta presencial às aulas, é que isso não acontecerá em setembro, como já sabemos, e que na hipótese de retorno, haverá um planejamento de protocolos que antecederá a chegada dos alunos. Aguardemos alguma nova informação.

O que já é fato é o resgate do documento de PPP da Unidade Escolar, que agora deverá considerar o estado de pandemia. Então, para já nos adiantarmos temos algumas tarefas:

1. Para o **Diário de Bordo** desta semana, a ser entregue na sexta-feira dia 14, peço que façam uma **síntese do semestre que se encerrou**, baseado nos registros que vocês já apresentaram nos Diários de Bordos desta época. São registros recheados de sentimentos, que não serão jamais desconsiderados, mas, que para compor o PPP precisam apresentar os seguintes focos:

   - Estratégias de contato com os educandos;
   - Seleção dos conteúdos desenvolvidos com a turma;
   - Forma de acompanhamento de participação e aprendizagem do educando
   - Processo de avaliação.

2. Também devemos outra vez realizar **a caracterização** das novas turmas, para que este processo seja mais significativo para todos, penso que podemos eleger um **FOCO** de observação, considerando que idade, gênero, crença, família, trabalho, entre outros são dados que já temos... VAMOS COMBINAR DE LEVANTAR SUGESTÕES PARA ESTE FOCO DA CARACTERIZAÇÃO ATÉ QUINTA-FEIRA, 13/08. Estas sugestões podem ser colocadas no nosso grupo de WhatsApp, certo!

3. Peço que resgatem os moldes de registros que utilizamos no semestre passado para o planejamento do trabalho pedagógico deste semestre. Eles continuarão sendo solicitados: PORTIFOLIO E PRÉ-CONSELHO. Bem como, mais adiante, CADERNETAS DIGITAIS, ATAS FINAIS E FICHAS DE RENDIMENTO.

Quanto ao HTPC desta semana, ele está sendo trocado pela webinar – Metodologias Ativas, do Prof. José Moran.

Por enquanto ficamos por aqui...

PS.: solicito encarecidamente para quem ainda não enviou a CADERNETA DE CHAMADA, que o faça ainda hoje para não perdemos o prazo do Sistema e prejudicar a vida escolar dos educandos.

Abraços

Equipe Gestora!

> "Não é no silêncio que homens se fazem, mas na palavra, no trabalho, na ação-reflexão."
> Paulo Freire

Boa tarde colegas de trabalho...

Que bons ventos nos impulsione para mais uma semana de navegação...

Hoje, segunda-feira 14 de setembro, iniciamos o dia com a pauta do HTPC. Podemos dedicar o horário desta semana para a organização do trabalho pedagógico, uma vez que já estão todas as turmas com seus processos de caracterização e atividades diagnósticas em andamento.

Enviamos pela manhã a LISTA DE ALUNOS oficial que será utilizada para a CADERNETA DE CHAMADA. A propósito, segue a orientação da Chefia da EJA para este documento:

> A EJA está autorizada a usar a caderneta de frequência digital encaminhada anteriormente. A frequência escolar a ser computada como carga horária deverá ser contabilizada mediante o acesso e a realização das atividades propostas para o período em pauta. Desta forma, o aluno que acessou ou retirou as atividades do período e as realizou, seja integralmente ou parcialmente, será considerado frequente no referido período (Vide Documento Orientador p.23). O controle de presença digital pode ser mantido para EJA desde que a documentação seja devidamente registrada para arquivamento, ou seja, o controle digital deve ser impresso, conter as mesmas informações da caderneta física, ser devidamente assinado, encadernado para posterior arquivo, pois, caso contrário, as informações teriam que ser repassadas ao livreto da caderneta. No segundo segmento seriado, assim como orientações anteriores, a caderneta será feita de forma individual, cada professor é responsável por sua caderneta. A caderneta digital deve ser atualizada semanalmente, pois suas informações alimentam o mapa de monitoramento, e ser mantida no drive para acompanhamento da equipe gestora sempre que necessário.

Além da Caderneta de Chamada, é preciso já ir organizando também o PORTFOLIO da Turma, com as atividades diagnósticas. Toda a documentação pedagógica do semestre acontecerá da mesma forma que fizemos anteriormente. Então, no final deste semestre serão apresentados os seguintes registros:

1. *Caderneta de Chamada;*
2. *Portfolio dos educandos;*
3. *Pré conselho;*
4. *Avaliações de aprendizagens;*
5. *Autoavaliação dos educandos;*
6. *Conselho Final;*
7. *Atas finais/fichas de rendimento.*

Temos aqui na escola, uma grande demanda esta semana que é o acolhimento da Turma 54 do PEAT. As atividades para este grupo terão início amanhã com as entrevistas com os familiares. As educadoras juntamente à gestão estão nesta demanda.

E mais, conforme o COMUNICADO 227, temos que:

AULA 6:

Em continuidade a esta formação a Aula 6 será disponibilizada no período de 22 a 28 de setembro. Esta aula refere-se ao HTPC da semana de 21 a 25 de setembro.

Assim sendo, o HTPC da semana que vem, 21/09, já está garantido com o AVAMEC. Porém participaremos de uma atividade de acolhimento preparada pela EOT neste mesmo dia 21. Como ela só pode ser desenvolvida no período da tarde, peço que com exceção de quem está em outra escola\rede, participem da atividade que valerá pelo HTPC de 28/09.

Enviaremos o link da reunião por e-mail!

Continuamos com o esquema de plantão diário e disponível para dúvidas.

Um abraço bem saudoso...
A Equipe!

Como é bom olhar o MAR, as ondas, os encontros dos horizontes, o azul do céu...

Bom dia, caros colegas educadores!

*Mais um pouquinho e estamos chegando ao fim de mais um semestre...Até aqui, conseguimos manter a escola viva, através da comunicação e interação com os(as) nossos(as) alunos(as). Realizamos mudanças significativas nos processos de trabalho, passamos por "fases" que foram sendo desenhadas ao longo do caminho, de trajetórias possíveis e viáveis, e também de momentos de tristeza e frustração por não podermos **estar** (no sentido mais amplo possível) com todos e todas.*

Sair da dificuldade para a possibilidade não foi nada fácil, visto a complexidade do momento. Mas, o mapeamento da situação, foi norteando o nosso trabalho. Durante todo o trajeto, fomos acolhendo, escutando, planejando, validando outras formas de fazer e de dizer.... Fomos "restaurando" o que foi quebrado, buscando garantir direitos e aprendizagem.

Agora, temos mais uma vez, a tarefa de ir encerrando o semestre. Para tanto, a fim de organizar o trabalho, apresentamos um cronograma de ações e encaminhamentos que ainda temos pela frente.

Planejamento da finalização do 2ºSemestre/2020
Foco na Documentação e Avaliação Pedagógica
PEDAGÓGICO

02/11 – Feriado

09/11 – Formação on-line – Aula 8 (Realização da tarefa - 10 a 16/11)

16/11 - destinado a organização da documentação pedagógica para os Conselhos

23/11 - Semana de Conselhos Termo/Ciclo (Datas a serem definidas)

30/11 - Elaboração das Fichas de Rendimento, Atas de Resultados Finais e outros encaminhamentos necessários

07/12 – FORMAÇÃO – Aula 9 (Realização da tarefa - 8 a 14/12)

14/12 – FORMAÇÃO – Aula 10 (Realização da tarefa – 15 a 21/12)

21/12 – Fechamento do ano letivo

Orientações

- Organizar/selecionar as atividades que deverão compor o Portfólio do aluno (atividades diagnósticas de aprendizagem/avaliativas)

- Realizar, a partir de diálogo ou outro instrumental, a atividade de **Autoavaliação** do (a) aluno (a)

- Planejamento de trabalho de compensação de faltas para os casos realmente necessários

- Organização das "cadernetas" de chamada/presença.

ALFABETIZAÇÃO E PÓS-ALFABETIZAÇÃO

-Revisar a Ficha de Rendimento/Acompanhamento, a partir dos objetivos possíveis de serem trabalhados no semestre/objetivos claros e precisos (Conteúdos elencados durante esse período remoto)

-Ata de Resultados Finais

MÓDULO 2

- Fazer as adaptações necessárias, considerando pesquisas e outras atividades, para compor as notas dos trabalhos de "Autogestão do Conhecimento -Trabalho Individual" e "Trabalho em grupo"
- Confirmar os prováveis concluintes - encaminhamento para o Ensino Médio
- Relatório de acompanhamento e aprendizagem dos alunos menores de idade
- Ata de Resultados Finais – Geral e Individual

ATENDIMENTO EDUCACINAL ESPECIALIZADO

- Relatórios individuais dos alunos – estratégias utilizadas, adaptações necessárias, registros de aprendizagem, potencialidades e dificuldades, orientação/acompanhamento da família

ESTÁGIOS

- Planilha de encaminhamento dos jovens para a Fase II

Outros encaminhamentos:

Dia de Defesa da Saúde - 16/11 "Todas as escolas municipais da cidade deverão realizar atividades que ampliem a discussão sobre a importância de ações coletivas e individuais que favoreçam a manutenção da saúde pública. As ações do DIA D devem ser documentadas com fotos e/ou captura de imagens dos trabalhos e encaminhadas para o setor responsável.

Conforme solicitado, contamos com vocês no planejamento de uma atividade e encaminhamento do registro da ação realizada com os alunos, para o e-mail da escola.

Vamos conversando sobre as dúvidas que surgirem e o que mais for necessário.

Seguimos adiante...
Com muita gratidão...

Abraços,

Equipe Gestora

CONSIDERAÇÕES FINAIS

4 Situações-limite:

- O analfabetismo
- A exclusão digital
- A educação financeira
- O conhecimento sobre a história

> **SITUAÇÃO-LIMITE**
> Toda e qualquer situação que tire a dignidade da vida humana.

Dado o percurso ora vivenciado e neste registro explanado, fica para a Unidade Escolar o compromisso de daqui para adiante efetivar o "direito a aprendizagem" de todos e de cada educando, para que possam, de fato, além de dar continuidade aos seus estudos, acessar conhecimentos que possam transformar suas trajetórias, enquanto sujeitos de diretos, a fim de que tenham uma vida mais plena, justa e solidária.

Saber ler e escrever de forma a promover a comunicação com a sociedade, fazer uso dos meios de comunicação digital de maneira inclusiva, ter condições de ganhar e cuidar de seu próprio dinheiro e compreender a realidade em que vivem são os passos iniciais para uma escola real e tranformadora da vida destes educandos. Um conhecimento significativo, contextualizado e verdadeiramente inclusivo!

> *"Parti do mar donde pude navegar enfrentando ondas, desbravando conhecimentos e surfando em ondas de sabedoria coletiva. Ondas nunca tempestivas, marés altas e baixas é verdade, mas sempre com a segurança de boas timoneiras, parti do MAR rumo ao CEU esperançoso em um dia ao MAR regressar."*
>
> *Professor Constantino*
> *14 de abril de 2021*

Palavras de nossa Orientadora Pedagógica

Também estive a navegar por este percurso educativo no ano de 2020. Iniciamos o ano letivo em fevereiro e ninguém imaginava o que estaria por vir. Os preparativos para a viagem nos processos de ensino e de aprendizagem transcorriam como de costume: planejamento, acolhimento aos/às estudantes, organização do espaço e tempo, planos de ação para os diferentes âmbitos de atuação, entre outras demandas pertinentes ao trabalho. Mas, em março, tudo mudou.

As mudanças necessárias devido à pandemia pela Covid-19 orientavam, como medida de proteção à saúde e a vida, o distanciamento físico e, com isso, a importância das aulas não presenciais.

A equipe escolar não mediu esforços para que a garantia do direito à educação fosse preservada. Utilizando-se dos recursos pessoais, como celulares e computadores, os/as professores/as planejavam aulas que desafiavam a distância física e propiciavam interações e aprendizado. Para os/as estudantes que não possuíam acesso ou tinham dificuldade com os recursos tecnológicos foram impressas as atividades e propostas a serem desenvolvidas.

A coordenação pedagógica investia cada vez mais nos momentos formativos para pensar neste novo momento não presencial, incluindo formação quanto aos saberes do uso da tecnologia.

A direção orquestrava tudo isso, dando liga às diferentes ações, fossem pedagógicas e/ou administrativas, mantendo o acompanhamento junto à comunidade.

Reinventar... foi o verbo mais conjugado no período de aulas não presenciais.

Atrelado a essa forma de ensinar e aprender, veio o esforço dos/as educandos/as e de toda a equipe escolar para que o barco continuasse a navegar.

Privilégio ter feito parte deste momento escolar, pois, para além de ser o elo entre a escola e a Secretaria de Educação, pude, verdadeiramente, compor este caminhar de significar a educação enquanto função social, pertencente aos contextos históricos, políticos, econômicos, culturais e sociais vigentes.

Embasados na concepção freiriana, trabalhamos, em nossas vivências, as nossas situações-limite e, por meio da problematização, resistimos e criamos possíveis.

Encaramos as situações-limite não como desafios intransponíveis que nos paralisariam, mas sim enquanto possibilidade de superação. Contribuem para esta reflexão as palavras de Paulo Freire:

> [...] não são as "situações-limites", em si mesmas, geradoras de um clima de desesperança, mas a percepção que os homens tenham delas num dado momento histórico, como um freio a eles, como algo que eles não podem ultrapassar. No momento em que a percepção crítica se instaura, na ação mesma, se desenvolve um clima de esperança e confiança que leva os homens a empenhar-se na superação das "situações-limites". (FREIRE, 1987, p. 51).

Para tal, foi imprescindível o trabalho coletivo, a escuta de todas as vozes, a horizontalidade nas relações. Ademais, e sobretudo, foi imprescindível muita afetividade e acolhimento.

Historicamente, a Educação de Jovens e Adultos sempre dependeu de muitas lutas para garantir o seu direito de existência, e superar momentos como esse da pandemia nos fortalece enquanto protagonistas das nossas vidas. Logicamente, não foi uma viagem tranquila, o MAR se agitou, mas de tudo ficou o saber da experiência de que no rebento das ondas, quando se escancaram as desigualdades, trabalhamos buscando a equidade e que coletivamente nossas narrativas se entrelaçaram e se fortaleceram, tornando pública uma história em que todos/as foram protagonistas.

Gratidão por fazer parte da tripulação!

Orientadora pedagógica Denise

Minha Escola...

Minha escola tem coisas que eu nem imaginava.

Minha escola tem gente que ama a gente, minha escola mostra para a gente que amanhã será um dia melhor.

Minha escola não tem somente paredes, além delas há muito mais.

Minha escola tem vida, tem sons.

Minha escola tem dança e está sempre em movimento, minha escola tem amor com suave cheiro de flor.

Minha escola tem amor e também tem conflito, mas este último mediado sempre pelo respeito, porque com ele se busca o crescimento individual e coletivo.

Minha escola é como o mar: cheio de energia, vida, beleza e grandiosidade.

Eu amo minha escola!

Minha escola.

Professor Sergio Molina
Julho de 2021

REFERÊNCIAS

ABRAMOWICZ, Mere; CASADEI, Silmara Rascalha. *Paulinho*: o menino que escreveu uma nova história. São Paulo: Cortez, 2010.

APPLE, Michael W. *Ideologia e Currículo*. Porto Alegre: Artmed, 2006.

CARBONELL, Jaume. Professor na disciplina – Criatividade e inovação na escola, PUCRS, em 19 de setembro de 2019.

FREIRE, Paulo. *Cartas a Cristina*: reflexões sobre e minha práxis minha vida. 3. ed. Rio de Janeiro: Paz e Terra, 2012.

FREIRE, Paulo. *Pedagogia da autonomia*: saberes necessários à prática educativa. São Paulo: Paz e Terra, 1996.

HARGREAVES, Andy. Professor na disciplina – Aprendendo a mudar: ensinar para transformar, PUCRS, em 19 de maço de 2020.

PADILHA, Paulo Roberto. Paulo Freire: educação integral, planejamento e currículo. *Direcional Educador*, V ano 9, p. 14-17, 2013.

PADILHA, Paulo Roberto. *Planejamento dialógico*: como construir o projeto político pedagógico da escola. São Paulo: Editora Cortes, 2002.

PPP – Projeto político-pedagógico da Unidade Escolar. Secretaria da Educação de São Bernardo do Campo. 2019.

SANTOS, Kely Cristina. O projeto político-pedagógico como instrumento de fortalecimento da escola pública. *Revista Foco*, v. 15, n. 2, e340, 2020. DOI: https://doi.org/10.54751/revistafoco.v15n2-002.

SANTOS, Kely Cristina. "Educação básica e um registro reflexivo da formação de educadores". *In*: DICKMANN, Ivo; LAZAROTTO,

Aline de Fátima, (org.). *Educação*: desafios da práxis e formação. Chapecó: Plataforma Acadêmica, 2018. (Coleção Educação Básica, v. 1).

SANTOS, Kely Cristina. O desafio da Educação Integral em turmas de Educação de Jovens e Adultos. *In*: DICKMMAN, Ivanio (org.). *Vozes da Educação*. Vol. II. p. 64, 2018.

SÃO BERNARDO DO CAMPO. *Conversando com o PPP – Projeto Político Pedagógico*. São Bernardo do Campo: Secretaria de Educação, 2010.

SÃO BERNARDO DO CAMPO. *Diretrizes de EJA*. São Bernardo do Campo: Secretaria de Educação, 2012.

SÃO BERNARDO DO CAMPO. *Documento orientador*. São Bernardo do Campo: Secretaria de Educação, 2020a.

SÃO BERNARDO DO CAMPO. *Documento orientador do estado de pandemia*. São Bernardo do Campo: Secretaria de Educação, 2020b.

STRECK, Danilo R.; REDIN, Euclides; ZITKOSKI, Jaime José (org.). *Dicionário Paulo Freire*. 2. ed., revisada e ampliada. Belo Horizonte: Autêntica, 2010.

VASCONCELLOS, Celso dos Santos. *Planejamento. Projeto de Ensino. Aprendizagem e Projeto Político-Pedagógico*. São Paulo: Libertad, 2002.

VEIGA, Ilma Passos de A. *Projeto político da escola*: uma construção possível. São Paulo: Papirus, 2005.